**人类文明的高光时刻**
**跨越时空的探索之旅**

# 权力之笼

# MAGNA CARTA
## THE MAKING AND LEGACY OF THE GREAT CHARTER

1215年《大宪章》诞生始末
与800年传世神话

[英]丹·琼斯(Dan Jones)▸著
李凤阳▸译

北京燕山出版社
BEIJING YANSHAN PRESS

**权力之笼：**
**1215年《大宪章》诞生始末**
**与800年传世神话**

[英]丹·琼斯 著
李凤阳 译

**图书在版编目（CIP）数据**

权力之笼：1215年《大宪章》诞生始末与800年传世神话 /（英）丹·琼斯著；李凤阳译. -- 北京：北京燕山出版社，2021.10
（里程碑文库）
书名原文：Magna Carta：The Making and Legacy of the Great Charter
ISBN 978-7-5402-6171-9

Ⅰ.①权… Ⅱ.①丹… ②李… Ⅲ.①政治思想史－研究－英国－1215 Ⅳ.①D095.613

中国版本图书馆CIP数据核字（2021）第182343号

---

**MAGNA CARTA**
**THE MAKING AND LEGACY OF**
**THE GREAT CHARER**

by Dan Jones



北京市版权局著作权合同登记号 图字：01-2021-4521 号

---

| | | | |
|---|---|---|---|
| 选题策划 | 联合天际 | 特约编辑 | 夏　琳 |
| 版权统筹 | 李晓苏 | 版权运营 | 郝　佳 |
| 编辑统筹 | 李鹏程　边建强 | 营销统筹 | 绳　珺 |
| 视觉统筹 | 艾　藤 | 美术编辑 | 程　阁 |

| | |
|---|---|
| 责任编辑 | 战文婧　温天丽 |
| 出　　版 | 北京燕山出版社有限公司 |
| 社　　址 | 北京市丰台区东铁匠营苇子坑 138 号嘉城商务中心 C 座 |
| 邮　　编 | 100079 |
| 电话传真 | 86-10-65240430（总编室） |
| 发　　行 | 未读（天津）文化传媒有限公司 |
| 印　　刷 | 北京雅图新世纪印刷科技有限公司 |
| 开　　本 | 889 毫米 ×1194 毫米　1/32 |
| 字　　数 | 143 千字 |
| 印　　张 | 6.75 印张 |
| 版　　次 | 2021 年 10 月第 1 版 |
| 印　　次 | 2021 年 10 月第 1 次印刷 |
| I S B N | 978-7-5402-6171-9 |
| 定　　价 | 68.00 元 |

关注未读好书

未读 CLUB
会员服务平台

---

本书若有质量问题，请与本公司图书销售中心联系调换
电话：(010) 5243 5752

# 目录

[illegible] Regina [illegible] ad terram illam pertinentia de quibus terre ejus [illegible] linum propinquiorum de consanguinitate sua.

¶ Ne vidua det aliquid pro dote sua vel maritagio post decessum mariti sui, sed maneat in domo sua per xl. dies post mortem ipsius, et infra terminum illum assignetur ei dos; et maritagium statim habeat et hereditatem suam.

¶ Rex vel ballivus non saisiet terram aliquam pro debito dum catalla debitoris sufficiunt; nec plegii debitoris distringantur dum capitalis debitor sufficit ad solutionem; si vero capitalis debitor defecerit in solutione, si plegii voluerint, habeant terras debitoris donec debitum illud persolvatur plenius, nisi capitalis debitor monstrare poterit se esse inde quietum erga plegios.

¶ Rex non concedet alicui baroni quod capiat auxilium de liberis hominibus suis, nisi ad corpus suum redimendum, et ad faciendum primogenitum filium suum militem, et ad primogenitam filiam suam semel maritandam; et hoc faciet per rationabile auxilium.

¶ Ne aliquis majus servitium faciat de feodo militis quam inde debetur.

¶ Ut communia placita non sequantur curiam domini regis, sed assignentur in aliquo certo loco; et ut recognitiones capiantur in eisdem comitatibus, in hunc modum: ut rex mittat duos justiciarios per quatuor vices in anno, qui cum quatuor militibus ejusdem comitatus electis per comitatum capiant assisas de nova dissaisina, morte antecessoris, et ultima presentatione; nec aliquis ob hoc sit summonitus nisi juratores et due partes.

¶ Ut liber homo amercietur pro parvo delicto secundum modum delicti, et pro magno delicto secundum magnitudinem delicti, salvo contenemento suo; villanus etiam eodem modo amercietur salvo waynagio suo; et mercator eodem modo salva marcandisa, per sacramentum proborum hominum de visneto.

¶ Ut clericus amercietur de laico feodo suo secundum modum aliorum predictorum, et non secundum beneficium ecclesiasticum.

¶ Ne aliqua villa amercietur pro pontibus faciendis ad riparias, nisi ubi de jure antiquitus esse solebant.

¶ Ut mensura vini, bladi, et latitudines pannorum et rerum aliarum emendetur; et ita de ponderibus.

¶ Ut assise de nova dissaisina et de morte antecessoris abbrevientur; et similiter de aliis assisis.

¶ Ut nullus vicecomes intromittat se de placitis ad coronam pertinentibus sine coronatoribus; et ut comitatus et hundredi sint ad antiquas firmas absque ullo incremento, exceptis dominicis maneriis regis.

¶ Si aliquis tenens de rege moriatur, licebit vicecomiti vel alii ballivo regis seisire et inbreviare catallum ipsius per visum legalium hominum, ita tamen quod nichil inde amoveatur donec plenius sciatur si debeat aliquod liquidum debitum domino regi; et tunc debitum regis persolvatur; residuum vero relinquatur executoribus ad faciendum testamentum defuncti; et si nichil regi debetur, omnia catalla cedant defuncto.

¶ Si aliquis liber homo intestatus decesserit, bona sua per manum proximorum parentum suorum et amicorum et per visum ecclesie distribuantur.

¶ Ne vidue distringantur ad se maritandum dum voluerint sine marito vivere, ita tamen quod securitatem facient quod non maritabunt se sine assensu regis, si de rege teneant, vel dominorum suorum de quibus teneant.

¶ Ne constabularius vel alius ballivus capiat blada vel alia catalla nisi statim denarios inde reddat, nisi respectum habere possit de voluntate venditoris.

¶ Ne constabularius possit distringere aliquem militem ad dandum denarios pro custodia castri, si voluerit facere custodiam illam in propria persona vel per alium probum hominem, si ipse eam facere non possit per rationabilem causam; et si rex eum duxerit in exercitum, sit quietus de custodia secundum quantitatem temporis.

¶ Ne vicecomes vel ballivus regis vel aliquis alius capiat equos vel carettas alicujus liberi hominis pro cariagio faciendo nisi ex voluntate ipsius.

¶ Ne rex vel ballivus suus capiat alienum boscum ad castra vel ad alia agenda sua nisi per voluntatem ipsius cujus boscus ille fuerit.

¶ Ne rex teneat terram eorum qui fuerint convicti de felonia nisi per unum annum et unum diem, sed tunc reddatur domino feodi.

¶ Ut omnes kidelli de cetero penitus deponantur de Tamisia et Medewaye et per totam Angliam.

¶ Ne breve quod vocatur Precipe de cetero fiat alicui de aliquo tenemento unde liber homo amittat curiam suam.

¶ Si quis fuerit disseisitus vel prolongatus per regem sine juditio de terris, libertatibus, et jure suo, statim ei restituatur; et si contentio super hoc orta fuerit, tunc inde disponatur per juditium xxv. baronum; et ut illi qui fuerint disseisiti per patrem vel fratrem regis rectum habeant sine dilatione per judicium parium suorum in curia regis; et si rex debeat habere terminum aliorum cruce signatorum, tunc archiepiscopus et episcopi faciant inde judicium ad certum diem, appellatione remota.

¶ Ne aliquid detur pro brevi inquisitionis de vita vel membris, sed libere concedatur sine pretio et non negetur.

¶ Si aliquis tenet de rege per feodifirmam, per sokagium, vel per burgagium, et de alio per servitium militis, dominus rex non habebit custodiam militum de feodo alterius occasione burgagii vel sokagii, nec debet habere custodiam burgagii, sokagii, vel feodifirme; et quod liber homo non amittat militiam suam occasione parvarum serjantiarum, sicuti de illis qui tenent aliquod tenementum reddendo inde cultellos vel sagittas vel hujusmodi.

¶ Ne aliquis ballivus possit ponere aliquem ad legem simplici loquela sua sine testibus fidelibus.

¶ Ne corpus liberi hominis capiatur nec imprisonetur nec dissaisietur nec utlagetur nec exuletur nec aliquo modo destruatur, nisi per legale judicium parium suorum vel per legem terre.

¶ Ne jus vendatur vel differatur vel vetitum sit.

¶ Quod mercatores habeant salvum ire et venire ad emendum vel vendendum, sine omnibus malis toltis, per antiquas et rectas consuetudines.

¶ Ne scutagium vel auxilium ponatur in regno nisi per commune consilium regni, nisi ad corpus regis redimendum, et primogenitum filium suum militem faciendum, et filiam suam primogenitam semel maritandam; et ad hoc fiat rationabile auxilium. Simili modo fiat de taillagiis et auxiliis de civitate Londoniarum, et de aliis civitatibus que inde habent libertates, et ut civitas Londoniarum plene habeat antiquas libertates et liberas consuetudines suas, tam per aquas, quam per terras.

¶ Ut liceat unicuique exire de regno et redire, salva fide domini regis, nisi tempore werre per aliquod breve tempus propter communem utilitatem regni.

¶ Si quis mutuo aliquid acceperit a Judeis plus vel minus, et moriatur antequam debitum illud solvatur, debitum non usuret quamdiu heres fuerit infra etatem, de quocumque teneat; et si debitum illud inciderit in manum regis, rex non capiat nisi catallum quod continetur in carta.

¶ Si quis moriatur et debitum debeat Judeis, uxor ejus habeat dotem suam; et si liberi remanserint, provideantur eis necessaria secundum tenementum; et de residuo solvatur debitum, salvo servitio dominorum; simili modo fiat de aliis debitis; et ut custos terre reddat heredi, cum ad plenam etatem pervenerit, terram suam instauratam secundum quod rationabiliter poterit sustinere de exitibus terre, [illegible] et wainagiis.

¶ Si quis tenuerit de aliqua eskaeta, sicut de honore Walingeford, Notingeham, Bolonie, Lankastre, et de aliis eskaetis que sunt in manu regis et sunt baronie, et obierit, heres ejus non det aliud relevium vel faciat regi aliud servitium quam faceret baroni; et ut rex eodem modo eam teneat quo baro eam tenuit.

¶ Ut fines qui facti sunt pro dotibus, maritagiis, hereditatibus, et amerciamentis, injuste et contra legem terre, omnino condonentur; vel fiat inde per judicium xxv. baronum, vel per judicium majoris partis eorundem, una cum archiepiscopo et aliis quos secum vocare voluerit: ita quod si aliquis vel aliqui de xxv. fuerint in simili querela, amoveantur, et alii loco illorum per residuos de xxv. [illegible]

¶ Quod obsides et carte reddantur que liberate fuerunt regi in securitatem.

¶ Ut illi qui fuerint extra forestam non veniant coram justitiariis de foresta per communes summonitiones, nisi sint in placito vel plegii fuerint; et ut prave consuetudines de forestis et de forestariis et warennis [illegible] emendentur per xii. milites de quolibet comitatu, qui debent eligi per probos homines ejusdem comitatus.

¶ Ut rex amoveat penitus de balliis parentes et totam sequelam Gerardi de Athyes, quod de cetero balliam non habeant, scilicet Engelardum, Andream, Petrum, et Gyonem de Canceles, Gyonem de Cygony, Matheum de Martiny, et fratres ejus; et Galfridum nepotem ejus, et Philippum Marc.

¶ Et ut rex amoveat alienigenas milites, stipendiarios, balistarios, et ruttarios, et servientes qui veniunt cum equis et armis ad nocumentum regni.

¶ Ut rex faciat justitiarios, constabularios, vicecomites, et ballivos, de talibus qui sciant legem terre et eam bene velint observare.

¶ Ut barones qui fundaverint abbatias, unde habent cartas regum vel antiquam tenuram, habeant custodiam earum cum vacaverint.

¶ Si rex Walenses dissaisierit vel elongaverit de terris vel libertatibus vel de rebus aliis in Anglia vel in Wallia, eis statim sine placito reddantur; et si fuerint dissaisiti vel elongati de tenementis suis Anglie per patrem vel fratrem regis sine judicio parium suorum, rex eis sine dilatione justitiam exhibebit, eo modo quo exhibet Anglicis justitiam de tenementis suis Anglie secundum legem Anglie, et de tenementis Wallie secundum legem Wallie, et de tenementis Marchie secundum legem Marchie; idem facient Walenses regi et suis.

¶ Ut rex reddat filium Lewelini, et preterea omnes obsides de Wallia, et cartas que ei liberate fuerunt in securitatem pacis.

¶ Ut rex faciat regi Scottorum de obsidibus reddendis, et de libertatibus suis, et jure suo, secundum formam quam facere debet baronibus Anglie. [nisi] aliter esse debeat per cartas quas rex habet, per judicium archiepiscopi et aliorum quos secum vocare voluerit.

¶ Et omnes foreste que sunt aforestate per regem tempore suo deafforestentur; et ita fiat de ripariis que per ipsum regem sunt in defenso.

¶ Omnes autem istas consuetudines et libertates quas rex concessit regno tenendas quantum ad se pertinet erga suos [illegible]

* * * * * *

# 引言：名垂千古的《大宪章》

800年前，泰晤士河畔兰尼米德，在碧翳参天的橡树下，各方首次就《大宪章》达成一致。八百年后，《大宪章》的名声更胜以往，这相当不可思议。世人所知的宪章正本共有四份，标注日期最早为1215年6月，从存世文本来看，《大宪章》可以说是一锅大杂烩。其中开列的，无非是一名心不甘情不愿的国王许下的若干承诺，这些承诺他并未打算遵守，且大部分都是古旧的13世纪司法原则的相关事宜。确有一些承诺涉及诸多崇高目标，但这样的条款寥寥无几，而且语焉不详，带有理想主义色彩。这些承诺点缀在冗长且不知所云的句子中，而这些长篇大论的文字，描述的往往是诸男爵在继承财产时应向国王支付“封建赋税”，或者拖欠王室的款项应如何处置，或者是泰晤士河以及梅德韦河内设置的鱼堰应如何监管。

《大宪章》大部分内容枯燥无味、充满技术细节，甚至难以索解，从宪法的角度来看也已经过时。如今仍被频繁引用的部分，即有关通过同侪审判伸张正义的权利的条款、免于被非法监禁的自由的条款，以及教会权利不受干涉的条款，我们希望它们今天所拥有的意义与1215年这些条款自身所具有的意义龃龉。作为一份协议，《大宪章》并不是为了一劳永逸地捍卫全体国民的利益，而是为了限制一位国王的行动——这位国王让为数不多富有、好斗的男爵大为恼火。《大宪章》原本应该已经寿终正寝、束之高阁，只有研究13世纪历史的严肃学者才会对它感兴趣。

然而，它至今仍然生机勃勃。《大宪章》是全球最受尊崇的文献之一，从北极圈到安蒂波迪斯群岛都有它的拥趸，它被写入众多国家的宪法之中，并被当作西方自由、民主和法治传统的基石，引来无数人景仰。这究竟是怎么回事？

本书讲述的是《大宪章》的故事，包括它诞生的背景、过程，它为什么刚签署没多久就遭遇失败，以及它如何缓慢复活并最终成为今天这个面貌——一个几乎可以投射任何梦想的历史性羊皮纸文稿。本书考察了《大宪章》在中世纪英格兰历史和当代不列颠历史中的地位，简要描述了这份特许状如何漂洋过海进入美国以及更广阔的世界，考量了《大宪章》走过八百年历程后，以及它在今天的媒体中是如何被讨论的。本书呈现了《大宪章》的文本，读者可以参照，以便溯本求源。

不过基本而言，本书试图解释，在约翰王统治之下的13世纪初期的英国，《大宪章》何以出现。约翰在位期间，英格兰遭遇了一连串麻烦，比如1204年丢掉诺曼底、与教宗英诺森三世反目成仇（在这次争吵的过程中，英格兰教会关门，约翰本人遭绝罚）、与诸男爵之间纷纷扰扰的恩怨（约翰王曾亲切地称他们为朋友）、1214年对法兰西的入侵（一场彻头彻尾的悲剧），以及最终1215—1217年的内战。内战的结果是签署了《大宪章》，约翰本人身染重疾。我尽可能详尽地叙述了整个故事，还试图描述约翰推行的各项政策如何最终导致了1215年《大宪章》的出现，以及为什么男爵们如此孜孜不倦地想要把约翰置于枷锁之中。

本书的写作目的不是给约翰翻案——在塞勒与耶特曼所著的

《1066年那些事》（*1066 and All That*）一书中，约翰这个“差劲国王”曾被肆意取笑。不过，本书的确有意说明，《大宪章》其来有自，追本溯源的话要从约翰开始统治的很久之前讲起。尽管约翰本人的某些行为令人发指，而且在他统治的最后几年，英格兰连年不断的混乱局面跟他的行为有莫大的关系，但这些苦痛绝非他一人所致。有关这一点，不仅当代的历史学家，就连与《大宪章》同时代的人也都认同。编年史家科吉舍尔的拉尔夫的作品写成于13世纪中叶，按照他的说法，《大宪章》之创立，并不仅仅是为了约束约翰，也是为了终结“国王的父兄所创设的不利教会、有负王国的恶俗，以及国王本人所增设的其他弊端”。威尔士的杰拉德的笔端常常流露出不顾一切地反金雀花的立场，但就连他也认同上述说法，虽然他称约翰是“暴虐的小兽”，并且承认他是“最嗜血的暴君的后代”。杰拉德的表达一贯夸张，但即便如此，他也为我们指明了方向，让我们发现这样一个重要的历史真相：我们不能仅仅把《大宪章》视作抗议与救济的法案，其指向仅是丑闻不断、命途多舛的约翰，在某种程度上，它也是对两代人倒行逆施的充满历史意义的一声疾呼。

因此，要讲述这个故事，就必须让时间回到1215年的60年前，回到约翰的父亲亨利二世统治时期。

丹·琼斯

伦敦，巴特西

2014年10月

# 1

* * * * * *

# 重建秩序，1154—1189 年

约翰王的父亲是亨利二世，见过他的人无不对他印象深刻。诚然，单就外形而言，他实在乏善可陈：身量略高于中人，敦实，罗圈腿，灰眼睛，据说他怒气勃发的时候，双眼中常有寒光闪现。然而真正让他人无法忽视的是他个性中的力量。亨利的体内蕴藏着几乎用之不竭的能量。廷臣兼编年史家沃尔特·马普曾写道，他“无时无刻不神志清明，无时无刻不在处理公务”，但这句话还远远无法体现他坚定的意志和顽强的决心。[1]1154年12月19日，亨利·金雀花加冕为英格兰之王，当时年仅21岁的他已经拥有了“诺曼底公爵”“阿基坦公爵”（1152年与阿基坦的埃莉诺成婚而获得）和“安茹伯爵”*等头衔。亨利在位期间一直有效控制着布列塔尼，并且对爱尔兰行使领主权。由此来看，他的势力从苏格兰的边境一直延伸到了比利牛斯山脉，几乎包括了法兰西王国的整个西海岸。实际上，亨利的政治触角还延伸到了更远的区域，从萨克森到西西里，从卡斯蒂利亚到圣地，他与各个地方的统治者都存在利益关系，并且结成了联盟。自查理曼以降，几乎没有哪个欧洲君主曾掌控如此广袤的领土，在中世纪的国王当中，也很少有人拥有如此娴熟的政治手腕，如此残忍，如此智计百出。

亨利精力充沛，几乎一生都在自己的领土内奔波巡视。按照沃尔特·马普的说法，他“颇耐泥土尘沙之不便……长途跋涉，人所不堪”，而在他本人看来，这项体力消耗甚剧的活动让他不致

---

* 正是因为拥有安茹伯国，亨利二世和他的两个儿子——理查一世和约翰——在欧洲大陆所拥有的国土有时也被称作“安茹帝国”。（本书脚注均为译者注，不再重复标注）

发胖，他因而乐此不疲。[2]他常能在与之争战的统治者身边突然出现，令对方措手不及，而那些为他效力的人对他既敬且惧，因他有这样一种本性：不消一刹那工夫，他就会从笑容满面变为怒不可遏。有一次，暴怒的亨利竟然在寝宫的地板上左右翻滚，以口嚼啮床垫中的稻草，这件事几乎人所共知。但最令与他打过交道的人感到惊异的，是他那与生俱来的政治才能和统驭之术。亨利二世死后，约克郡编年史家纽堡的威廉写道，国王“似具有相当的智慧，个性沉稳，急公好义”，甚至在童稚之时就已展现出“卓越统治者”的风范。[3]

亨利通过一项政治交易继承了英格兰的王冠，这项交易终止了一场绵延19年的内战，时人称这场战争为“海难”，今天的史学家则将这些年称作“无政府”时期。不论表述如何，这终究是征服者威廉两位孙辈间的一场战争，一方是他的孙女玛蒂尔达（亨利的母亲），另一方是他的外孙斯蒂芬国王（玛蒂尔达的表兄），两个人都声称自己是亨利一世（1100—1135年在位）的合法继承人。*

这两名王位竞争者都未能集结足够的军事或政治支持来实现其王位主张，由此导致英格兰在近二十年间被两方敌对势力的战火蹂躏，王室权威陵夷，内战露出丑恶狰狞的面目：纵火、酷刑、

---

* 玛蒂尔达是亨利一世唯一的婚生女，在与德意志国王、神圣罗马皇帝海因里希五世（卒于1125年）成婚后，她开始使用“皇后”这个称号。斯蒂芬的母亲是亨利一世的姐姐布卢瓦的阿德拉，因此斯蒂芬和玛蒂尔达是表兄妹。

流血、谋杀、抢劫、土地荒废、民众衣食无着、经济一片混乱，无人主持公道。《盎格鲁—撒克逊编年史》的作者写道："每个人都开始抢夺其邻人。人们公开声称，耶稣和他的圣徒都睡着了。"[4]《温切斯特条约》（1153年）为战争画上休止符，同时宣告亨利为斯蒂芬的继承人。次年斯蒂芬去世，亨利掌权，他的第一要务就是恢复王权的牢固统治，毕竟这片土地上的人民已经在"无政府"状态下度过了近二十年。

亨利二世要实施对英格兰的统治，需要解决三个基本的决定性问题。首先，他迫切需要在"无政府"状态之后重建秩序；其次，他需要创制一套政治体系，使他在穿梭于领地之间打击敌人时也能有效统治整个王国，而他主要的敌人就是法兰西国王路易七世；最后，他需要不断筹款。亨利的本性中天然有一种倾向，那就是建立强大的、集权的政府，以及从经济上压榨臣民，尤其是英格兰的臣民，毕竟英格兰是他整个帝国最富庶的部分。通过这些手段，王室治理的表里全部打上了他个人风格的印记，在《大宪章》签署之前的60年里，英格兰就是以这种方式治理的。

亨利热衷于控制。尽管在英格兰及其他领地，他乐于将政府公务委托给信得过的诸位顾问，但他一开始就清楚表明，权力的最终来源是国王，而且只能是国王。加冕之时，他效仿诸位诺曼先王颁布特许状，承诺保护亨利一世授予教会和王国显贵的"一切特权、授予、自由和自由风俗"，并同样以特许状的方式废除王国境内的一切"恶俗"。然而，这却成为他能颁布的最后特权。尽管亨利二世不辞劳苦，尽一切努力将王国内的显贵笼络到自己身边，但他也做好了准备，打破那些敢于无视他权威的英格兰诸侯的权力，让其他诸侯毫无异议地认清自己的地位、财富和特权从何而来。他夷平了内战期间建起的城堡，驱逐了外国雇佣兵，铸造了一种新的钱币，并对私铸或剪官钱行为处以重罚。*他取消了斯蒂芬国王主政时期授予的全部土地和官职，他认为值得重新授予的也在他的权威之下再度授予了。如果放弃任何领地或财产会致他权力受损，他便坚决不予放弃，并且不遗余力地惩罚任何敢反对他的人。在英格兰历史中最具长远意义的是，亨利着手进行了司法和行政改革，令臣民在他四处巡视之时也能感受到他的权威；在他统治的35年时间里，有大约三分之二的时间如此。

亨利二世的财政大臣兼伦敦主教理查德·菲茨奈杰尔在《财政大臣对话录》——一本介绍王室财政的实用指导手册——中写道："显而易见，财富不仅在战争期间必需，在和平时期也必需。"菲茨奈杰尔（也称菲茨尼尔）在12世纪80年代末期完成了这本书的写作，与亨利二世去世的时间相差不远，他的言论表明，他服侍了一生的这位国王对金钱的需求总是相当急切。亨利统治时期，财政部成为王国政府最重要的机构，因为王室赋税在该部核计。核计在一张大桌子上进行，桌子长3米、宽1.5米（长约10英尺、宽约5英

---

* 对货币供应进行监管、维持货币供应稳定既是国王权威的表征，也是打击金融欺诈的手段。有些人会把硬币剪角，然后把剪下来的角收集起来重铸，在王室看来，这种私铸货币的行为堪称罪大恶极。

尺），上面盖着一块看起来像棋盘的布，国王可以通过财政署向惹他不快的臣民征收大笔罚金。财政署接收国王的法官判定的罚金，管理土地所有者的贿金；土地所有者与近邻发生纠纷时，往往会向国王行贿，希望得到王室的偏袒。封建赋税——贵族为了获得国王在婚姻及继承方面的许可而支付的例定规费——会出现在布满格子的桌布上，代役金（也称“盾牌钱”，贵族为了不让自己忠诚的骑士加入王室的军队参加战斗而支付的费用，理论上来讲，这笔费用可用来招募雇佣兵）等税费也会出现在上面。*

内战期间，财政署失掉了权柄，郡长——英格兰各郡的主要王室官员——已经停止向该部上缴税款，英格兰诸侯也不再支付封建赋税。但在亨利主政期间，这种情形急剧转变。菲茨奈杰尔的手册告诉我们，亨利国王时期的财政署管理的事务相当广泛。财政署的官员清点银币并进行分拣，稽核郡长在各郡所征赋税，收取代役金以及地方社群所缴纳谋杀罪行罚金（如未查出凶犯），并且还要收取因在王室林地私捕而收缴的罚款。他们还接收赠送给国王的鹰和隼，管理“王后金”——这是一种税款，每欠国王100马克的白银就要向王后支付1马克的黄金。†

作为政府部门，财政署相当庞大而且复杂。不过显然在亨利看

---

* “封建主义”是一个常常会引发争议的术语，但在这一时期其本质就是社会的一种阶级秩序，在这种秩序中，要为拥有土地、财产和其他权利承担义务（主要是军事义务，也包括财务义务）。毫无疑问，王室处于这种阶级秩序的最高层级，从王室受封土地的人被称为“总封臣”或者“总佃户”。

† 马克是计量用的单位，而非实体铸币。1马克相当于13先令4便士，也就是三分之二英镑。

来，财政署不仅仅是一个财政机构，它还是一个政治工具。财政署法吏有权逮捕无钱缴税的人。这样一来，无须动刀动枪，只要求缴纳积欠王室的巨额债务，那些势力强大的臣民转眼就会变得潦倒落魄。反过来讲，国王也可以奖赏那些赢得他好感的人，比如削减、缓交或取消其所欠债务。几乎没有贵族一分不差地向财政署偿还过债务。实际上，与国王过从甚密的一些人——比如莱斯特伯爵罗伯特和康沃尔伯爵雷金纳德——所欠债务一分未还。[5]尽管有这些特例，总体而言亨利坚持收紧财政治理的措施取得了成效。亨利统治早期，每年摆到财政署桌子上的钱约为13000英镑。到了12世纪80年代，资金流增加到了22000英镑，这不仅表明王室收入增加（国王要保卫手中的大片领土，这些收入意义重大），也意味着国王对王国诸侯的控制力大大加强，尽管国王本人常常不在国内。[6]

改革了王室财政之后，亨利开始着手改变王室司法制度。1163—1166年，大刀阔斧的改革逐渐改变了国王的臣民与王室法律之间的互动方式。*1166年颁布的《克拉伦登条令》要求英格兰的所有罪案都交由王室调查，不管王国内势力强大的诸侯是否拥有当地的司法管辖权。而着手进行调查的并非有可能成为腐败分子的郡长或地方官员，而是位高权重的特派王室法官，他们在英格兰境内巡回，被称为“普通巡回法官”，这些人与12名当地人组

* 有关这一时期的立法实践，需要记住的重要一点是，这是前议会、前成文法时代；法律的制定者是国王和为国王服务的枢密官；在地方层级还存在其他法律和习惯，而教会则高高在上地拒斥世俗法律，认为教会法应向教宗负责，正是这一原因导致亨利二世与托马斯·贝克特之间爆发冲突。

成的陪审团一道进行调查，不再像以前那样，让控辩双方以“火之审判”或“宣誓断案”的方式裁定案件。*最重要的是，《克拉伦登条令》将一切谋杀、抢劫和盗窃行为全都纳入了王室司法管辖范围；十年之后，《北安普敦条令》又把纵火、伪造文书、私铸伪钱等行为加入了这个清单。

在亨利的统治之下，不仅刑法的范围有所扩大，英格兰民法的运作方式也出现了一次革命。整个中世纪，人们彼此争讼的一个非常重要的原因就是土地纠纷，在亨利的安排下，王室介入此类案件更顺理成章、轻而易举，也更有利可图。在诺曼征服之前，如果有人经由王室司法审理案件，只要向文秘署这个政府机构申请一份令状就可以了。所谓“令状”，就是一张凭之可在王室法庭提起诉讼，或者命令一名郡长采取某种行动，对侵权行为施以救济的简短便条。此类令状通常都是为专门目的而签发的，并非正式的官方制度。亨利设置了一系列标准格式的令状，其中最重要的包括“恢复新近被占土地之令状”“收回被占继承土地之令状”和“权利令状”。这三种令状分别保护不同人群的利益：“恢复新近被占土地之令状”保护土地所有者，领主或第三方不得以非法方式占有土地；“收回被占继承土地之令状”明确了继承土地的权利；“权利令状”要求郡长为令状持有者主持公道。要获得此类令状非常简单，只要办理相关手续就立等可取，国王在或者不在王

* 按照“免罚宣誓审判”体系，辩方如果能找到足够多的邻人宣誓，表明他是清白的，就可以无罪开释。《克拉伦登条令》废除了这种做法。

国境内都不受影响。这样一来，随着王室法律变得越来越普及、越来越受欢迎，适用范围也越来越广，王权就得以更加深入地渗透英格兰社会。此外，令状要花钱才能拿到，使用的人越来越多，王室也能通过收取诉讼费和罚款得到相当不错的收入。最妙的是，所有这些都不需要亨利本人在场。一部堪比摇钱树的官僚机器由此产生。

然而，并非所有人都为此感到欢欣鼓舞。如同我们可以将《大宪章》所针对的王权体系的根源追溯至亨利二世的统治一样，我们同样也可以将最初爆发的不满和抗议追溯至亨利二世统治时期，《大宪章》之所以签署，就是为了应对这些不满和抗议。

1163年，亨利企图威迫他昔日的仆人兼密友托马斯·贝克特，让他同意王室有权对“犯罪僧”，也就是犯下罪行的教会人员，进行审判并施以刑罚。彼时亨利已将贝克特任命为坎特伯雷大主教。在亨利的时代，教会单独奉行一套法律，亨利的提议是世俗法对宗教裁判权的一次严重侵犯。贝克特一口回绝，两人由此交恶，这件事成了人所共知的历史事件。最终，1170年，贝克特大主教在坎特伯雷大教堂的圣坛之前被残忍谋杀。他与亨利的争吵源自一个深刻且无法弥合的分歧：大主教将国王视为僭主，肆意践踏法律，而在亨利看来，他无非是在行使自己作为国王的至高权力。1164年到1170年间，贝克特离开英格兰流亡海外，这期间他给亨利写了不少充满愤激之词的信函，极尽侮辱之能事，而且他还给别人写信，对亨利大加挞伐。收信人之一是亨利的母亲玛蒂尔达，他在信中向玛蒂尔达申诉说，“亨利对他王国内教会的凌辱令人无法忍受，他对教会提出的要求前所未闻，不符先例”。在约翰王继位前的很长一段时间里，英格兰国王与英格兰教会就这样彼此进行残酷的打击和刻薄的侮辱。后来《大宪章》中之所以出现某些条文，就是这种紧张关系的一个直接结果。

亨利二世在很多方面都是一名开创者，他甚至还为早期金雀花王朝国王的执政风范奠定了基调，从他的幼子统治时期来看（因为时间上有一定的距离，可能看得更清楚），情形似乎如此。他创造了一个积极主动、有条不紊、雷厉风行地利用王权的模式，并将这套方法运用纯熟，左手从英格兰榨取现金，右手就将这些钱输送到欧洲大陆。他将王室的财政及司法权力深入扩展至各郡。在他的统治下，主要诸侯的军事力量被大幅裁减，“无政府”时期结束后，他不但将诸侯的城堡夷为平地，还在叛乱（这次发生在1173—1174年的叛乱被称为“大叛乱”）之后查封了大量城堡。1154年，全英格兰总共有350座城堡，其中大约35%属于王室所有，而到了12世纪80年代，这一比例大幅上升，到了约翰统治的时代，英格兰几乎半数城堡都落到了王室手上。[7]

亨利果然不负诸祖先留下的名声，时不时显露出凶狠残暴的面目。故老相传的说法是，安茹人是魔鬼的后裔，英格兰人在这位国王的性格中发现了恶魔的迹象。对亨利抱有恶意的作家，比如拉尔夫·尼日尔，称亨利不仅羞辱臣属中那些官高爵显的贵族，本人还是一名漠视宗教的暴君，一个令人作呕的好色之徒。纽堡的威廉在提到亨利的时候，一般都是说好话，但根据他的记录，在亨利当政的那些年里，“几乎所有人都痛恨他”。[8]这有可能过于夸张了，但毫无疑问，即使是在这样一个暴力横行的时代，亨利的某些暴行也挑战了人们的容忍极限。在他与贝克特交恶之时，因为他的恶意打压，数百名贝克特的追随者有的被剥夺了财产，有的被流放，有的被铐上铁链监禁起来。敢于宣扬贝克特施加于国王的宗教惩罚的神职人员有可能被剜眼睛，或是遭到断足、阉割。连信使也可能突遭无妄之灾：一名小男孩将教宗的信函交给这位国王后，盛怒的亨利对小男孩施以酷刑，小男孩不但眼睛被剜掉，还被强迫喝沸水。[9]当然，坎特伯雷大主教本人也惨遭毒手，即使不是亨利下的命令，也与他无意间的怂恿脱不了干系。这些行为不可能在未来几代人当中被遗忘；事实上，这名年老国王的残忍好杀似乎只是他儿子们变本加厉的暴虐统治的序曲。

1189年酷热的夏天，亨利二世死于金雀花王朝权力中心——卢瓦尔河畔的希农堡。他的晚年生活相当悲惨，不但要与法国新国王腓力二世（腓力·奥古斯都）相争，还因为遗产继承与自己的儿子们兵戎相见；这几个儿子既缺少耐心，又热衷于反叛。他与埃莉诺所生的长子已经成年，也就是幼王亨利，但他先于亨利死亡（他们的第三子若弗鲁瓦亦先他而死），于是“狮心王”理查于1189年9月3日在威斯敏斯特教堂加冕，成为英格兰国王。理查将成为英国历史上最知名的国王之一；迄今为止，他仍然是在议会大厦前唯一有雕像纪念的英国君主。这相当讽刺，因为在诺曼征服后所有统治英格兰的国王之中，理查有可能是在英格兰王国驻跸时间最短的、对这个王国最提不起兴致的国王。在理查统治期间，他父亲推行的改革和其他政策进一步走向极端。也是在这一期间，他那颇具争议、颇不值得信任的幼弟“失地王”约翰走上了政治舞台并将承受他父兄犯错的后果。

# 2

* * * * * *

# 战争与赋税，1189—1199年

理查一世的心如狮子般勇猛无匹，但这颗心从未真正属于英格兰。如今，我们可以在诺曼底的鲁昂主教座堂看到他的心脏，他死后不久心脏就被取出，尸首被制成了木乃伊，不过如今这颗心脏已经变成一堆灰褐色粉末，与乳香、雏菊、薄荷和桃金娘颗粒混合在一起——原本这些东西都是用来保存这颗狮心的。但在理查生命的盛年，这颗心躁动不安，不断渴求战争与冒险，这种渴求在战场上——从法兰西西部到圣地的平原——得到了满足。

尽管理查生于牛津，他的母亲——阿基坦的埃莉诺——却将他当作遥远荒凉的法兰西南部王子养大。随后，他成年之后的大部分时光都在英格兰之外度过，只有在走投无路、为了筹钱时，才会回到英格兰。尽管如此，这位常年不在英国居住的"狮心王"高远的军事野心也对这个加冕他的王国产生了深远影响，这位"最不英格兰"的国王在"最英格兰"的文献《大宪章》的历史中也发挥了他的作用。

跟当时许许多多英勇无畏的年轻人一样，理查一世也是名圣战者。在距离32岁生日还有一周的时候，他成为国王，当时，他已经拿起十字架，庄严地承诺要向"海外"——当时中东地区基督徒聚居的地方被称为"海外"——武装朝圣。当时穆斯林苏丹萨拉丁率军队攻陷了阿卡和耶路撒冷，第三次十字军东征之所以发起，就是为了对阿卡和耶路撒冷的陷落做出回应。欧洲各国君主都闻风而动，其中包括法国国王腓力·奥古斯都，以及神圣罗马帝国皇帝弗里德里希·巴巴罗萨。英格兰国王当然也不会屈居人后。

“儿子之伟绩日渐昭彰，拓展了乃父之功业，弃绝乃父之恶行。”这是编年史家豪登的罗杰对初登王位的理查做出的评价。[1]但基本而言，这是一名写作者的谀辞。这名编年史家在朝廷拥有广泛的人脉，并且与他所服务的国王在圣地广泛游历。的确，理查像亨利二世那样，在加冕时曾承诺要保护英格兰教会的自由，为臣民伸张正义。然而，根据豪登写下的更加真实的语句，这名国王登基并接受贵族们的效忠宣誓之后，就开始“将其所有的一切予以贩卖”。[2]圣战是一件花费极大的事业，为此理查几乎涓滴不剩地榨干了他刚继承的王国。租来的船只全部装满，不仅有成千上万用盐腌渍过的整猪，还有马蹄铁、箭矢和其他长途奔袭所需的物资，与此同时，服务于国王的那些主要臣民也被以各种方式加以盘剥。国王启程之前，城堡、官职、土地和爵位都被拿来“清仓大甩卖”。亨利二世设计了一个相当平滑而有效的治理体系，能够在国王不在国内的时候有效地筹钱、高效运作。理查则身体力行，不顾一切地将这台机器开足了马力。

从卷筒卷宗来看，1190年是理查统治时期财政压榨程度最令人“大开眼界”的一年。*一项名为“萨拉丁什一税”的特别税开始在金雀花帝国全境征收，帮助支付这次圣战的花销。此外，王

---

* 卷筒卷宗是王室财政状况的年度记录，由财政署保管，之所以叫这个名字是因为这些文件篇幅相当长，写在羊皮纸上后要卷成筒状。从12世纪中期到19世纪初期的卷筒卷宗几乎完整地保存了下来。

室还通过政府的常规渠道大力筹款。尽管从卷筒卷宗来看，亨利二世统治晚期的王室收入通常为22000英镑，但到了1190年，理查从他的王国压榨出了31089英镑，增幅接近50%。[3]增长的来源主要有两个——司法的利润，以及理查利用国王的封建权利进行的“开发利用”。前者包括通过令状获得王室法庭审理所收取的费用、卖官得到的钱（包括英格兰大多数的郡长职位），以及确认此前由亨利二世授予的特许状收取的费用。此外，理查还从男爵手中征收大量封建赋税，比如，男爵如要获准进行婚嫁、继承或者对未成年继承人行使监护权，都要支付一笔费用。有了这些钱，十字军人数急速扩张，当精力充沛、内心狂热的新国王于1189年12月离开多佛尔，与英格兰告别的时候，人们一定松了口气，同时也有些兴奋。这时理查刚刚加冕两个月，他就要踏上英勇的征途，去摧毁异教徒军队。他这一去就是四年有余。

理查当时（以及此后）能够名声远播，就在于他是一名无可匹敌的军事统帅。他的征途顺风顺水，一路打到西西里，征服了塞浦路斯，一路杀至“海外”，兵威大盛，而且正好赶上阿卡围城战的最后阶段。一俟该城陷落，理查就增援雅法和亚实基伦（今日的阿什克隆，位于以色列），并成功与萨拉丁签订三年停战协定，这期间非武装基督徒朝圣者得以安全进入耶路撒冷。1192年10月，理查离开圣地，当时他的威名已经响彻世界，并成了连萨拉丁都景仰的人物。然而遗憾的是，他也在基督徒盟友中树了不少势力强大的敌人，在返回欧洲的路上，理查的船在意大利东北海岸搁浅，本人被奥地利公爵利奥波德所俘，并被卖给了神圣罗马帝国皇帝亨利六世，亨利六世将他囚禁在特里费尔斯城堡，这座城堡高耸于今日德国西南部的群山之上。自由的代价非常高：赎金15万马克（合10万英镑），花费相当于再发动一次圣战，而且要在几个月内筹齐。在不到五年的时间里，英格兰再一次勒紧裤腰带，为其极富魅力的统治者的冒险旅程买单。

英格兰能为理查支付这笔赎金，完全要归功于国王授权在他去国之时负责英格兰政府那些头脑冷静、忠心耿耿的人士。这些人当中就包括伊利主教威廉·朗香、鲁昂主教库唐斯的沃尔特和坎特伯雷大主教休伯特·沃尔特。而指挥这些人的，则是国王“敬爱有加”的母亲埃莉诺，虽然她已年近七旬，但仍然一副凛然的王室气概。[4]他们勠力同心，通过欧洲的外交渠道，找到了囚禁国王的人要求的人质和船只，对收入和可动产征收25%的税赋，征用英格兰西多会修道院一整年的羊毛供应，并按照理查个人对英格兰教会的要求，令其上缴所保存的“全部黄金和白银”，而且他本人承诺，一旦获释立即予以归还。[5]令人惊异的是，在一年之内，他们筹集到了10万马克，也就是三分之二的赎金，接着，1194年2月4日，理查获释，他——几乎可以这么说——直接投入了母亲的怀抱。3月13日，他返回英格兰，一个月后，他在威斯敏斯特教堂的一次仪式上戴上了王冠，并开始在王国内进行旋风式巡游。之后，他在1194年5月12日朴次茅斯登船渡海，抵御腓力·奥古斯都国王对诺曼底和其他欧洲大陆领地的攻击。又一轮耗费不菲的军事行动如箭在弦。之后的事实证明，理查还有五年的戎马生涯在等着他；事实也证明，他这一去，就再也没有机会回到自己的王国。

从1194年到1199年间，理查取得了一些辉煌的军事胜利。在他参加十字军东征以及被俘期间，他在大陆的领地几乎丧失殆尽，这主要是他那无能的弟弟约翰的功劳。尽管约翰已经接受贿赂，答应在国王不在期间不插手英格兰的事务，他被授予了英格兰六郡及兰开斯特王室公爵领地的巨额岁入，同时获得了一个欧洲大陆的头衔：莫尔坦伯爵。然而他无视命令，进入英格兰，挑起与理查的王国官员的武装冲突，还试图攫取政府的控制权。后来，他在英格兰的密谋遇挫，便返回欧洲大陆与法兰西国王联手，并同意将理查大部分有重要战略意义的土地和宏伟城堡拱手相让，换取腓力·奥古斯都对他的承认，也就是将他作为金雀花王国在法兰西领地的合法统治者对待。1194年，理查获释之后，虽然不够明智，但他几乎立即宽恕了约翰，并发动了对法兰西的战争，由此导致了一系列耗时长久、死伤甚众的军事冲突，最终理查所能做的，也仅仅是收复了他从亨利二世手中继承下来的土地。

理查的作战范围从韦克辛延伸到布列塔尼，再到贝里、普瓦图和利摩日。韦克辛紧邻诺曼底与腓力·奥古斯都直接控制的领土之间的边界，双方在此苦苦相争。理查与很多人结成了联盟，但这样的联盟代价不菲。结盟者包括之前囚禁理查的皇帝亨利六世，以及佛兰德伯爵鲍德温，还有一大批领地与法兰西接壤的贵族。

一条远超常规的军事补给线建立起来，连接朴次茅斯和北部塞纳河沿岸的诺曼城堡市镇，其重心就是莱桑代利巍峨的宫殿——加亚尔城堡，这座宫殿花费巨资（至少12000英镑，相当于英格兰王室岁入的一半）建成，而且仅仅用了两年时间（1196—1198年）。战争不仅在陆地上进行，还在海上进行，为诸如威廉·马歇尔（他当时算是最声名远播的骑士之一）等人提供了建功立业的大好机会，让他们得以在茶余饭后向孙辈吹嘘自己的丰功伟绩。[6]理查的军事行动取得了巨大的成功。到1199年1月，理查每一条战线上的敌人都已俯首认输，他开始严肃考虑再次东征，响应新教宗英诺森三世的召唤，发动第四次圣战。

再看一眼理查的账目就会发现，英格兰为这次历时数年的光复和征服付出了相当大的代价。对卷筒卷宗的分析表明，1194—1198年，从英格兰获得的岁入平均为近25000英镑，最多的一年是1196年，账目记载的数额为28323英镑。[7]司法程序、国王的封建权利和税收等手段再一次派上用场，从英格兰搜刮钱财，在海峡的另一侧花掉。而且还不乏创新。1198年，理查国王开征“卡勒凯特”，这是一种新型土地税，最初按照《末日审判书》所载录的土地面积征收。*这种税提供了1000英镑的收入，但似乎引发了广泛的不满，因为理查派去的官员必须进行调查，并对存在的大量避税行为处以罚款。短期而言，这种举措为理查提供了支

---

* 一卡勒凯特是指八头牛一年能犁的土地的面积，大概在100英亩到120英亩之间。

持，让他得以利用无可匹敌的军事才能使欧洲胆怯。然而长期来看，问题却越积越多，数年之后这些问题集中爆发，《大宪章》应运而生。

1199年春，突如其来的死亡降临到理查头上，这让所有人都震惊不已。3月26日，他正在利穆赞指挥对沙吕—沙布罗尔城堡的围攻作战，一支流矢射中他的肩膀，发射弩箭的人站在城垛上，拿着一只平底锅当盾牌。战地医生为他处理了伤口，但后来感染转为坏疽，4月11日狮心王离世。

尽管与纳瓦拉的贝伦加丽亚结婚，但理查并没有子嗣。他的帝国完整无缺，王室财政已捉襟见肘，而他的弟弟约翰则成了继承人。这些因素加在一起将为英格兰带来无穷祸患。

# 3

* * * * * *

## 帝国末路，1199—1204 年

人们痛恨约翰。虽然有历史学家用尽心思，企图为他恢复名誉，但任何对这名英格兰第三位金雀花王朝统治者的研究都必须面对这样一个事实：他是一个残忍且惹人生厌的人，一个二流的战士，一个狡猾、言而无信、爱管闲事的国王。诚然，约翰有时几乎跟他的哥哥理查一样冷酷无情，跟他的父亲亨利一样以操纵他人为能事。然而，尽管他的这两名家人跟他有着某些极为恶劣的共同品行，但这两人品行中最值得称道的部分，在他身上却丝毫不见踪影。

必须承认，约翰是一名非常优秀的行政官，他了解政府各部门的运作情况，对王室司法实践有一种堪比专家的个人兴趣，王室法庭慷慨大度。但与他同时代的人评价他时，这些并非主要衡量指标，即使我们考虑到这样一个事实，即某些流传至今的对约翰的最可靠描述也是凭着后见之明写下的，写作者根据他去世前的丑行对他的整个人生做出评断，我们也很清楚地发现，约翰绝非治国之器。

科吉舍尔的拉尔夫亲身经历了整个约翰统治时期，他对这名国王完全不抱任何希望，他说约翰残忍、器狭量窄、品行不端，总是摆出一副盛气凌人的架势，并且愚蠢地喜欢取笑臣属，对他人的不幸抱以幸灾乐祸的态度。拉尔夫的文字是在13世纪20年代写下的，此时约翰已经去世，《大宪章》被反复协商、重新颁布数次。但其他更严格的与约翰同时期的作者的看法与拉尔夫相同。被称作“贝蒂讷之无名氏”的作者认为约翰邪恶、见识短浅、沉溺于肉欲，而且他还常常提到约翰缺乏骑士精神。[1]法兰西南部的诗人小贝尔特朗·德·鲍恩写道：“愿永远不会有人信任他，因他意志薄弱，胆小怯懦。”[2]约翰在理查被囚期间的所作所为令纽堡的威廉感到痛心疾首，他称约翰为“天理伦常的敌人”，一个“将无数诅咒揽到自己背信弃义的头上”的人。[3]对他感到绝望的绝不仅仅是修道院中的写作者，尽管很多人自然地倾向于反对一个对宗教不虔诚的国王（在他统治的一部分时间里，他被教会施以绝罚，而他本人却毫无悔改之意）。约翰的名声可谓尽人皆知，而在约翰统治的这段历史时期，他的名声是一个重要因素。

1199年4月约翰登上王位的时候，他那“口是心非”和“惹是生非”的名声已经广为人知。1185年，19岁的约翰以王子身份被送到爱尔兰，刚一踏足这块土地，他就惹怒了当地的诸位领主。一路陪同约翰的威尔士的杰拉德回忆说，他对待当地人的态度充满“轻蔑与嘲弄，甚至粗鲁地揪他们的胡子，爱尔兰人喜欢留长胡子，这是当地的一种风俗”。[4]后来，在亨利二世统治时期的最后一场战争当中，约翰背弃了弥留之际的父亲——这件事发生在1189年。之后，他又背叛了兄长理查，趁理查参加第三次十字军东征之际在英格兰挑动纷争。约翰不仅试图把自家的土地卖给法兰西国王，而且在理查明显将脱离奥地利人的囚禁之时，他又与腓力·奥古斯都联手，提出向神圣罗马帝国皇帝行贿，好让他继续囚禁理查，不要按照约定的时间放他出来。由此产生的结果就是，虽然人们在从1194年到1199年这五年时间里都没有机会表达对理查的忠诚，但民心并未因此倒向约翰；当理查的死讯传遍金雀花王朝的领地时，很多人都对约翰受命即位这一声明表示强烈反对。

事实上，约翰也颇费了一番周章才得以成功上位。在此前与腓力·奥古斯都打交道的过程中，他完全是一副懦弱不堪的派头，这名法兰西国王由此认定，自己有能力以武力侵略的方式将约翰玩弄于股掌之中（理查就曾说过，如有人以武力相抗，约翰非能以武力征服一国之材[5]）。腓力判断正确。理查的死讯甫一传出，法兰西即刻侵入诺曼底公爵领地，在腓力·奥古斯都的鼓励下，他在金雀花王朝自治领的诸盟友也都起兵反叛。结果，约翰刚一继位，即在多条战线展开防御作战，1200年他不得不接受《勒古莱条约》，向法兰西国王纳贡，并接受损失：不但诺曼底的土地失去了一大部分，就连其他地方的宗主权也多有丧失。编年史家坎特伯雷的杰维斯在评论约翰竟然甘心接受《勒古莱条约》这样不利条款时写道，他“宁愿通过谈判获得和平，也不愿挺身而战，依自己的意愿达成协议，唯因如此，他的敌人和叛变者才叫他软剑约翰”。[6]

除了与腓力间的你争我斗，另外一个对手的存在也让约翰不堪其扰，这个人就是布列塔尼公爵阿尔蒂尔，约翰已故兄长若弗鲁瓦的儿子，他声称约翰的领地及头衔应该归他所有。阿尔蒂尔出生于1187年，理查去世的时候，他刚满12岁。但在一些人——包括法兰西国王——看来，他比约翰更有权继承金雀花王朝的王冠。实际上，1190年理查一世的确曾表示，如果自己在圣战中殒命，阿尔蒂尔将成为自己的继承人，那时阿尔蒂尔还不满3岁。因此，阿尔蒂尔和约翰是直接的竞争对手，而腓力·奥古斯都非常乐于利用这一形势为自己谋取利益。在接下来的三年里，甚至是之后相当长的时期，布列塔尼的阿尔蒂尔将一直是约翰的眼中钉、肉中刺。

1199年5月27日，约翰在威斯敏斯特教堂加冕，但正如理查的一贯做法，约翰也仅仅是在英格兰短暂停留。即使已经签订了《勒古莱条约》，他脑中时时刻刻所想的仍然是保卫自己的领地，以防腓力和阿尔蒂尔再度进犯。这样一来，他就不得不一直待在欧洲大陆。看起来，英格兰很可能要连续拥有第三位“缺席统治”的国王了，而且这名国王也要不断寻求财政支持。至少在这方面，约翰与父兄如出一辙。

然而不久，一切都将发生变化。1200年8月，在成功将他与格洛斯特的伊莎贝尔的婚姻（这是他的第一桩婚姻）宣布为无效之后，他与来自阿基坦的年轻女孩昂古莱姆的伊莎贝拉成亲。虽然这个女孩只有12岁，但按照当时的标准，这并非有伤风化的行为。不过，当时这个女孩已与他人缔结婚约，就不能说没问题了。伊莎贝拉已经被许配给吕西尼昂的于格，而这桩婚姻的本意是要让加斯科涅南部两个声名最显赫、麻烦不断、互相敌视的家族化干戈为玉帛。约翰这样做相当于绑架了于格的新娘，这成为他本人一项令人赞叹的“功绩”：不仅成功让这两个部族从敌对走向联手，还给了腓力·奥古斯都一个借口。1202年，腓力以伐罪之名开始了新一轮对金雀花家族领地的入侵。

战争爆发后，约翰成功在安茹米雷博的一次军事行动中俘虏了阿尔蒂尔，这次行动给人留下了深刻的印象。但对约翰来说，这样的胜利并不多见。他孜孜不倦地与盟友作对，疏远他们，结果很多盟友都离他而去，甚至变成敌人。在一年之内，安茹、曼恩、图赖讷和普瓦图的一部分全都归了腓力，金雀花帝国的心脏被掏走了。约翰撤到了诺曼底，而且没有忘记带上阿尔蒂尔。在1203年的复活节前夕，阿尔蒂尔失踪了，几乎可以确定的是，他在鲁昂被人谋杀，凶手很有可能就是酩酊大醉、怒不可遏的约翰本人。据说他用一块大石头砸碎了这名16岁少年的头，并抛尸塞纳河。而约翰并没有多少时间来享受自己的胜利。

1203年夏季，腓力入侵西诺曼底，兵围加亚尔城堡，这座城堡是“狮心王”理查战功最具象征意义的代表。据说，闻听诺曼底陷落之后，约翰变得偏执多疑，精神状态每况愈下，不敢在大路上骑行，害怕遇到袭击，而且确信叛变者已经聚集到自己周围。有流言称，他闭门不出，整天与年轻的新娘伊莎贝拉在床上厮混。不管这种传言是否属实，1203年12月，约翰放弃了自己的公爵领地，扬帆渡海前往英格兰，弃诺曼底于不顾。

但到了次年夏天，有固若金汤之称的加亚尔城堡陷落，卡昂、鲁昂以及再往南的普瓦捷全部投降。1204年3月31日，约翰那精神健旺但年事已高的母亲——阿基坦的埃莉诺去世，终年82岁。她的存在具有强大的震慑力，维持了帝国南部的秩序，她死之后，卡斯蒂利亚国王趁机侵入加斯科涅。所有这些情况加在一起，其结果就是一次突如其来的灾难性崩盘。约翰登基还不到五年就已失去了大陆上几乎全部领地，那可是他父兄费尽力气得来且不遗余力捍卫的。如今，仍然效忠约翰的就只剩波尔多周边阿基坦的沿海区域。这次崩溃对约翰造成了重大且长期的影响。半个多世纪以来，英格兰的金雀花王朝国王要第一次被迫生活在英格兰人中间了。

# 4

* * * * * *

# 王在在国，1204—1205年

在英格兰的中世纪历史中，诺曼底之失经常被认为是重大转折之一，这种看法不无道理。对约翰来说，这很明显是一次巨大的军事失败，说明他没有当领导者的资质，这同时也是对他本人名声的一大打击。同时，在财政方面也产生了不利影响。自12世纪90年代以来，因为有新领土——包括富裕的佛兰芒人聚居的阿图瓦县和韦尔芒杜瓦县——加入，法兰西国王腓力·奥古斯都的财力一直稳步增长，由此其军力也水涨船高。将诺曼底、安茹、曼恩和图赖讷重新纳入法兰西的势力范围之后，腓力的势力越发强大了。在亨利二世统治时期以及理查统治早期，金雀花王室远比法兰西的卡佩王室更加富裕。如今双方的位置已完全互换。

因此，英格兰战败并被逐出诺曼底重新划定了西欧的政治和观念地图。1066年黑斯廷斯一役，征服者威廉获胜，自威廉以降，英格兰国王一直都拥有诺曼底公爵的头衔，而且在这148年的时间里，诺曼底和英格兰一直紧密相随、形影不离。很多忠于约翰王的男爵在英吉利海峡两岸都拥有约翰分封的土地。贸易、商业、战争和社会都在这样一个假设前提下运行着：这两片土地依靠同一名统治者维系。两地的贵族都操着一口盎格鲁-诺曼语言，并且共同生活在盎格鲁-诺曼文化之中。对那些将这种二元性视为日常生活常态的人来说，将英格兰王国与诺曼底公爵领地分开意义重大，其影响至为深远。

腓力·奥古斯都在诺曼底纵横驰骋，飞扬跋扈，在当地拥有土地的地主们必须做出决定。按照封建惯例，一臣不事二主，尤其是互相争斗的二主，人臣服于某一国王是有条件的，其中之一就是承诺在战时为其效力。因此1204年，在英格兰和诺曼底都拥有土地的人们不得不做出选择：匍匐在英格兰国王脚下，或者效忠于法兰西国王。选择站在约翰一边的保住了他们在英格兰的田产（但有可能丢掉海峡对岸的土地）。那些决定保卫其在诺曼底的田产的则立即被英格兰划清界限。约翰一旦听说某位领主决定把赌注押在腓力·奥古斯都一边，就立即下令将他在英格兰的土地收归王室，并将其姓名登记在《诺曼人土地价值之卷筒卷宗》（*Rotulus de valore terrarum Normannorum*）之上。[1]一些男爵家族——包括声名远播的骑士、国王的朋友威廉·马歇尔的家族——试图绕过这种封建契约的束缚，保住部分甚至全部分散在两地的领土，但此法效果不彰。只有极少数人达到了目的。如果说丢掉诺曼底在海峡两岸的人民之间打入了一个永久性"文化楔子"，可能有点夸张，因为直到14世纪和百年战争时期，英格兰人和法兰西人才将彼此视为敌人和对手。不过，1204年这一年，盎格鲁–诺曼贵族必须做出一个清晰的决断。他们到底是不是英格兰的臣民？如果是，这意味着什么？有人认为当时的英格兰是一个"共同体"，享有某些共同的权利，这在很大程度上构成了1215年《大宪章》的思想基础；这种感受于1204年加速，而加速的契机就是失去诺曼底。

在约翰王的心目中，失去诺曼底这个仇不能不报。他很清楚地知道自己在1203年、1204年失去了什么，一想到自己必须收复祖先的故土和战略重地，他内心就会受到强烈的折磨。接下来的十年里，约翰在自己的权力范围内竭尽所能，聚集了足够的财宝、兵力和外国盟友，试图借此返回欧洲大陆，并再次征服自己失去的土地。但如今这件事加倍困难。失去了对诺曼底的控制，约翰在法兰西北部就没有滩头阵地，无法让自己的军队从这里挺进，而且他也没有塞纳河沿线的城堡来保障供应。此外，他还失去了自己公爵领地的岁入。在亨利和理查统治时期，诺曼底自己出一部分钱用于本土防卫，但如今如果要劳师远征，全部资金都得从英格兰筹集。因此，这项任务相当艰巨。但约翰并没有因此被吓倒。不幸的是，如此执念只会让他与手下男爵展开一场力量之争，正是这场颇具命运意味的争夺催生了《大宪章》。

* * *

1204年之后的那几年，英格兰开始了解这位新国王。约翰的父亲和兄长几乎没在自己的王国待过，如今的约翰却已经没有别的地方可去。在即位后的五年里，很多臣民只在硬币上见过这位国王的模样（硬币上的约翰是个卡通头像，满面怒容，双眼圆睁，脸形瘦削，头发打卷，留有短髭）。然而如今，很多人都亲身感受到了约翰身在英格兰这一事实。

跟他父亲一样，约翰也是一个“旅行家”，巡行时精力充沛，而且乐此不疲。他一生都在路上。廷臣乘坐的篷车组成的队伍迤逦跟在他身后，行进速度高达每天48公里（约30英里），人们叫苦不迭。王庭在一个地方停留的时间从来不会超过一个月，而且留宿某处的时间通常不会多于一两夜。即使在丢掉诺曼底之前，约翰也表现出了喜欢到王国内不为人知的地方游玩的倾向，包括诸如约克和纽卡斯尔这样的北方城镇，在这些地方，以前人们往往要等二三十年才会看到一个金雀花家族的国王。[2]但这可不是简单的旅游而已。约翰下定决心，要踏遍王国的每一个角落，即使路途不便也阻挡不了他的脚步，这样的决心来自他内心深处的一种欲望，那就是他的统治要尽可能高效、有利可图且无远弗届。

尽管在金雀花王朝统治的较早时期，王室对英格兰搜刮无度，但在约翰的统治下，这个王国不仅相当富庶，而且富庶程度日甚一日。尽管在世纪之交前后几年间出现了严重的通货膨胀，当时正迅速多元化的英格兰的经济受到打击，但受损程度不重，一名近代历史学家写道："总体而言这是个不同寻常的扩张时期……主要是因为商业活动猛增，对增长起到了推波助澜的作用。"[3]新城镇、新市场、新集市纷纷涌现，其速度前所未见。商品运输的速度也越来越快，能到达的地方也越来越远，英格兰的农民抛弃了公牛，开始用马来拉车，而运货车的边缘也往往会包上铁，以防它们在崎岖不平的道路上长途行进的过程中散架。羊毛和布匹的国际贸易日渐兴盛，大量农产品和硬币经由东南部港口进出。[4]这名国王本就一心想着要从英格兰出发，打一场代价高昂的"再征服"之战，现在如果他想这么做，那他已经具备了发动战争的条件。

约翰兴致勃勃地开始了部署。他所采取的方法与其他金雀花王朝前任国王殊无二致——通过王室法庭以及王室享有的林苑权榨取利益，通过封建权益获取最大利益，不断压榨郡长，让他们从各自管理的郡中上缴更多钱物，另外还有征收代役金等一次性税赋。不仅如此，约翰还进行了非常大手笔的交易：出售王室司法或王室介入的豁免权。国王可以出售（而且真的出售了）郡法庭的诉讼豁免权，贵族女性在丈夫死后如果不想接受强制性的指定婚姻，而要再嫁给自己心仪之人，就要向约翰缴纳一大笔款项。被划定为王室林地的区域适用特别的王室司法管辖。通过向那些违反森林法的人收取高额罚金，约翰为自己创造了滚滚财源，正因如此他对森林事宜尤其看重。这些手段没有一项能称得上首创：所有做法都能在12世纪找到根源，甚至更早。约翰统治的与众不同之处在于他在压榨自己臣民的时候，范围无所不包，手段无所不用其极。他统治期间，王室岁入平均最低也有37483英镑，远远高于其父兄所达到的最高水平。[5]不过他的需求也非常大。

1205年初夏，约翰试图入侵法兰西，1206年再度跃跃欲试，但两次任务均未获成功。第一次尝试的时候，英格兰男爵们拒绝为国王的侵略舰队提供支持，而在第二次尝试时，约翰被腓力·奥古斯都的军队死死挡住，无奈只得签署了停战两年的条约。然而，这名金雀花家族国王并不打算放弃，他坚定地相信终有一日他有义务——甚至可以说必将——重新踏足失去的土地，将其收归己有。如今，约翰只能待在这个王国里，无处可去，而他内心这种复仇与复兴冲动不仅让他本人深受其害，也让英格兰王国付出了沉重的代价。

# 5

* * * * * *

## 禁令与恐吓，1206—1212 年

失去诺曼底后的十年里，约翰在英格兰和不列颠群岛实现了某种形式的掌控，虽然时间不长，但在他之后的中世纪国王很少有人能在这方面胜过他。尽管在法兰西毫无建树，但在威尔士和苏格兰，他的权威得以确立。他还大肆侵夺英格兰教会，令其臣服，并将自己的意志强加于辖下诸男爵。尽管他并没有让自己广受爱戴，却越来越娴熟地扮演起了一个令人畏惧的领主的角色。编年史家考文垂的沃尔特写道，在13世纪的第一个十年即将结束之际，“苏格兰和威尔士没有人敢不服从英格兰国王，没有人不向他低头，众所周知，这样的事从未在他任何一名祖先身上发生过”。[1]至少在某个时期内，约翰是至高者。但在大权在握的表象之下，各种严重问题正不断累积。

在同时代的修道院编年史家中间，为约翰赢得最多恶名的是他与教宗之间的关系。在整个西方基督教世界，国王和教宗之间不断进行激烈的交锋，各自试图争取更多对教会的控制权，而二者之间的交锋通常围绕着圣职任命展开。国王们声称拥有在自己的王国内任命主教的权力，但教宗们则很少乐于从命，并保留最终确认相关任命的权力，或否决那些令其不满的任命的权力。1206年，约翰与极难应付、极善刁难的教宗英诺森三世之间就因为这件事爆发了一次争吵。

坎特伯雷大主教休伯特·沃尔特去世之后，约翰曾指示坎特伯雷的教士选举他本人中意的诺里奇主教约翰·德·格雷成为继任者。英诺森得知此事之后就采取行动，他谴责对格雷的这项任命，并要求坎特伯雷的教士们选举一个名为斯蒂芬·兰顿的英格兰人为大主教。对约翰的国王权威如此怠慢，仅此一事就足以让他感到被冒犯，并因此火冒三丈。雪上加霜的是，兰顿是巴黎大学的明星神学家，因而他属于声名大盛的知识分子圈子，著作甚丰的索尔兹伯里的约翰（1120—1180年）以及亨利二世那时运不济的大主教托马斯·贝克特都是这个圈子的一员。这两人都曾在不同时期对金雀花家族大加挞伐，指责他们未能适当处理与教会的关系，因此教会若要跟王室和平共处，兰顿就很难说是一个能担此大任的候选者。然而，在英诺森三世的干预下，兰顿获选为坎特伯雷大主教，而且1207年，英诺森三世在罗马以北的维泰博亲自为他授予圣职。

约翰受挫后往往会勃然大怒。虽然这次他的对手是神所拣选的牧首，但他并没有因此被吓住，畏缩不前。兰顿获授圣职之后，约翰的回应是收缴了属于坎特伯雷的全部土地，并将敢于反抗他的教士全都逐出英格兰。然而，英诺森三世可不是普通人，两人算是棋逢对手。教宗本人是个改革派，同时也是一名圣战者、一名严格的教权主义者。他矢志不渝地信奉罗马的至高地位，世俗君主们任何不服从的表现都让他感到不快。因此，1208年3月，针对约翰的强硬政策，英诺森三世向英格兰下达了禁行圣事令。

这是一项非常严重的惩罚。它禁止教会施行几乎所有圣事，这相当于断绝了所有被禁止令影响的信徒死后上天堂的道路。婚礼无法在教堂举行，洗礼无法进行，死者也无法按照基督教仪轨埋葬。英格兰教堂的钟声归于沉寂。没有人望弥撒。这项惩罚的影响所及，远远不止招致这一祸患的国王及其家人。不过，如果说整个英格兰还有一个完全不为禁止令所动的人，那就是约翰。

对于跟罗马闹翻这件事，约翰的想法简单明了。这是一个大肆搜刮的良机，不容坐失。一俟禁止令发布，约翰立刻没收了教会的钱财、土地和产业。其中一部分被赎回，物归原主，但剩下的部分则完全成了为约翰生财的工具。教士们的情妇先是遭到逮捕，后来又交回给她们那些郁郁不乐的情人，当然是要一手交钱一手交人。教会的丰厚收入如今直接流入了王室的金库，约翰自己的钱都保存在他的城堡和堡垒里，这些地方渐渐银积如山，流入速度是他的祖先们做梦都不曾想到的。他对教会的压榨程度简直令人目瞪口呆。

1209年，英诺森决定加大对约翰的威胁力度，对他本人施以绝罚，到了这个时候，除了两名与约翰最亲近的盟友外，英格兰的所有主教都已经离开了这个王国。但约翰并不在意，而且他的理由相当充分。13世纪财产记录手册《财政署红皮书》的作者认为，仅仅在三年时间里，禁止令就让约翰获得了比正常水平多大约10万英镑的收入。按照较近期的估计，其中大约有一半收入是现金，虽然这笔钱名义上要支付给财政署，但实际上通过王室直接落到了约翰手里[2]。按照加冕时的誓言，约翰本应保护并捍卫英格兰教会的利益，但他什么也没做。而且从三四年后的事态发展来看，没做似乎也没关系。约翰是英格兰历史上最富有的国王，至少在当时确曾如此。

如果约翰的劫掠仅限于教会，那么一切可能都还好。但从1207年开始，他的压榨行为逐渐扩展到了所有其他领域。“十三税一”的征税方式——这是他任内税率的最高水平——为他带来了近6万英镑的收入。*约翰声称，征税得到了“我们王国内大主教、主教、修道院院长、小修道院院长以及勋贵们”的同意，但实际上，他根本没有向这些人征求意见。他跟为数不多的几名亲信和宠臣召开了一次会议，征税的想法由此产生，并且获得了同意。[3]

生活在英格兰的犹太人还面临着另外一些苛捐杂税，其中包括1210年总计征收的66000马克。这项法律将犹太人视为国王本人的财产，约翰对犹太人有照管之责，但完全看不到他对这些人有什么感情：据编年史家文多弗的罗杰记载，那些不愿意或者不能满足国王要求的犹太人惨遭殴打，有人的牙齿都被打落了。†与此同时，金雀花家族国王的惯例也保持了下来：司法带来的利润不断上升，封建赋税以及对欠债男爵毫不留情的追缴也导致收入大幅上涨。正是在这一点上，约翰露出了他最残酷、最令人生厌的一面。

在13世纪的第一个十年里，很多英格兰男爵都尝到过失宠于

* 十三税一是指按所有“动产”总值的十三分之一征税。

† 文多弗的罗杰是在约翰统治时期结束之后写下这段话的，通常来说，他有关约翰诸多暴行的记述要谨慎对待，但即便如此，他有关约翰辣手对待英格兰的犹太人的描述无疑反映出了13世纪后半叶人们普遍的态度和记忆。

国王的滋味。1207年，约翰以莱斯特伯爵未能偿付债务为由没收了他的土地。东安格利亚贵族罗杰·比戈德发现王室催缴封建税赋让自己面临着巨大财务压力，于是不得不达成一项交易。按照该交易，他于1211年向财政署支付了1333英镑（相当于他获得继承权所需支付金额的两倍），仅仅是为了缓缴税赋，获得一丝喘息之机。1214年年初，约翰迫使另外一名东安格利亚贵族格洛斯特伯爵杰弗里·德·曼德维尔同意缴纳高达20000马克的巨额罚款，这样他才能与格洛斯特的伊莎贝尔结婚；伊莎贝尔是约翰的前妻，约翰曾为了娶昂古莱姆的伊莎贝拉与伊莎贝尔离婚。即便是按照他个人的标准，如此不顾一切的聚敛也太过分了。约翰蓄意把众多贵族推到破产边缘，这样一来，他们的命运就高度依赖王室的青眼。受打击最严重的莫过于德·布雷乌泽家族，约翰像猎犬一样紧盯着他们不放，他不但精通王室法律，而且喜欢凡事做绝，终始如一地使用残暴手段。

威廉·德·布雷乌泽一度与理查一世和约翰过从甚密。他担任过王室的郡长，也担任过巡回法庭的法官。他曾在威尔士捍卫王室的利益，无数次出生入死，与威尔士的叛军作战。理查国王去世当天，他曾参加对沙吕-沙布罗尔的包围作战，他还曾站在约翰一边——而没有拥立布列塔尼的阿尔蒂尔——为他铺就登基之路。阿尔蒂尔失踪当天，他本人身在鲁昂，与约翰在一起，几乎可以确定，他知道阿尔蒂尔到底遭遇了什么。一言以蔽之，他是一名绝对忠诚可靠的贵族，他在英格兰、威尔士和爱尔兰占有大量土地，拥有众多头衔——这些都是对他忠诚服务的奖赏。然而，囤积土地显而易见的副作用就是欠债，因为要向国王支付费用才能获得这项特权。德・布雷乌泽由此成为某种类型英格兰贵族的典型代表：高等级、高忠诚度，一方面曾因尽忠王室受到奖赏，而另一方面又因为受到奖赏而身处危机四伏的财务险境。

1208年，德・布雷乌泽与约翰撕破脸皮。个中缘由人们不得而知，但很有可能是因为他的妻子玛蒂尔达不小心走漏了口风，说了些布列塔尼的阿尔蒂尔之死如何可疑之类的话。约翰听到或听说了这样的说法，不由得勃然大怒——这是他一贯的作风。突然之间，德・布雷乌泽在寻求金雀花王朝恩宠之路上积累的庞大债务成了约翰对这个朋友大施淫威的主要武器。约翰以未偿还债务为由，派人抄没德・布雷乌泽的田产。担心自己性命不保的德・布雷乌泽逃到了爱尔兰，一度栖身在威廉・马歇尔的保护之下。约翰不依不饶，率军渡过爱尔兰海，无情摧毁那些起来反抗他的人，一边行军一边收缴土地。他威胁说将对那些庇护德・布雷乌泽的人采取军事行动，并发出一封公开信，通过严密而充满法律术语的论证，他在信中对自己的行为进行辩护——他对一名效忠他的人采取了骇人听闻的行为，并坚持认为他是在“遵循英格兰的法律和习俗行事”。[4]这有可能是真的，但既然约翰本人就是国王，有权制定且操纵法律，并通过财政署以厚此薄彼的方式强行贯彻，那么对那些听到国王这番解释之词的人来说，安慰之情也只是聊胜于无。德・布雷乌泽的妻子玛蒂尔达曾设法与国王接触，想要谈判，约翰却支吾搪塞，将玛蒂尔达和她的长子扣为人质，把他们投入科夫城堡的一间地牢。

德·布雷乌泽逃到了法国。1211年，他以逃犯及流亡者的身份在法国去世（另外一名流亡者参加了他的葬礼，那就是大主教斯蒂芬·兰顿）。不过跟他的家人相比，布雷乌泽算是善终。1210年，在国王的命令下，玛蒂尔达和她的儿子被饿死：据说当囚室的门打开之后，母子二人彼此相拥，身体奇异地扭结在一起。因为饥饿，母亲已神志不清，她在这个世界上最后的努力就是要啃噬儿子的面颊。

约翰追逐着德·布雷乌泽家族的脚步来到了爱尔兰和威尔士，这恰巧也是他要求不列颠全境所有凯尔特人的土地都强制实施英格兰政策的时期。从1208年开始，他逐个击破北威尔士当地的君主，先是让波伊斯亲王圭农农·阿颇·欧文颜面扫地，然后在1211年发动大规模突袭，侵入格温内斯，击破卢埃林·阿颇·约沃斯（卢埃林大帝）的势力，命令他放弃康威以东的一切归于英格兰王室。同一时期，在爱尔兰海的另一侧，也是英格兰主宰一切。1210年，约翰追逐德·布雷乌泽家族的远征与一次残暴的征服之战同时发生，在这次战役中，盎格鲁—诺曼和原住民爱尔兰贵族全都臣服在约翰脚下，爱尔兰领地全部被强迫施以英格兰的统治方式，一切职司均按照英格兰的方式设置。

在苏格兰，约翰采用了同样的超高压手段。1174年，亨利二世迫使苏格兰国王“狮子”威廉一世接受了《法莱斯条约》，条约规定威廉明确承认英格兰的领主权，并将英格兰国王称为“主君”。[5]在第三次十字军东征之前，理查进行了一次大甩卖，把独立权交还给了苏格兰人。但在1209年，约翰决心让老病不堪的威廉承认三十五年前存在的封建关系。他挥军北上，强迫“狮子”威廉一世接受了《诺勒姆条约》，按照这一条约，威廉向约翰支付了15000马克，并将很多苏格兰人送到了英格兰做人质，其中就包括威廉的两个女儿，玛格丽特和伊莎贝拉。经约翰做主，这两个女儿分别嫁给了约翰的两个儿子。[6]放眼望去，不列颠诸岛的每一块土地都已经是王土，每一个子民都已经是王臣。

到了1212年，约翰的所作所为已经足以让诸位编年史家对他下的断语找到充分的依据：英格兰已经完全落入他的残酷统治之下。他积累了巨量财富，而且数量几乎难以想象，他的诸多城堡已被金银填满。在他的督促下，英格兰的司法和财政管理残暴而高效，任何一位贵族如果敢于表现出一丝一毫的不敬，他就能通过司法和财务的手段轻易将对方摧毁。他还以武力相威胁，让与之毗邻的君主不得不表示臣服。英诺森三世勃然大怒，他号称有史以来最令人生畏的教宗之一，但约翰不为所动，甚至还觉得有点好笑。在司法和财务政策有序推进的背景下，约翰还计划设立一个新的巡回法庭，专门处理涉及国王林苑的犯罪，并制定一条律令，要求原本欠犹太人的债务要直接交到国王的金库，并且还打算对封建权利进行清查，以便从国王的王室特权中榨取更多好处。[7]这是金雀花王朝的权力最冷酷无情、最不容让步的时代。

如今，约翰只剩下一件事要做了，那就是返回法兰西，摧毁腓力·奥古斯都的军队和城堡，收复海峡对岸的土地——他1204年丧失的土地。

约翰凄凉结局的伏笔由此埋下。

HENR. IVNIOR

Sutherlande
Orkade Insule
SCOCIA: ULTRAMARINA:
hec et albania dicta est
Regio scotorum
Wallia
Karleoila
Houu castrum
Pons Fret
Bathonia
North Folk
Welles

图1 （第52页图）圣阿尔班的编年史家马修·帕里司为他的《盎格鲁史》（*Historia Anglorum*，成书于13世纪50年代）所绘约翰国王的肖像。图中左下为约翰，其余三人分别是他的父亲亨利二世、他的兄长理查和他的儿子亨利三世。

图2 （第53页图）英格兰、苏格兰和威尔士，马修·帕里司绘于13世纪50年代。哈德良长城靠近英格兰和苏格兰的分界线。

图3 （下图）一枚铸于1205—1207年间的银便士。这枚硬币上刻有“Henricus”（亨利）这一名字，直到爱德华一世统治时期，所有的便士硬币都刻着这个名字，不过这枚硬币上的头像是目视前方的约翰国王。

图4 （上图）1214年7月27日布汶战役，这幅出自14世纪《法兰西大编年史》手稿中的图片细节丰富。在图中所示的场景中，约翰的盟友佛兰德伯爵斐迪南被俘。

图5 （第56—57页图）1215年所授予的《大宪章》存世四份抄本之一。图中所示为大英图书馆所存两份抄本中的一份。另外两份分别属索尔兹伯里大教堂和林肯大教堂所有。

图6 （第58页图）这份没有标注日期的文件即《男爵宪章》。文件所载内容基本可视作1215年6月面世的《大宪章》的工作草案。

Ista sunt Capitula que Barones petunt et dominus Rex concedit

Post decessum antecessorum heredes plene etatis habebunt hereditatem suam per antiquum relevium exprimendum in carta.

Heredes qui infra etatem sunt et fuerint in custodia, cum ad etatem pervenerint, habebunt hereditatem suam sine relevio et fine.

Custos terre heredis capiet rationabiles exitus, consuetudines, et servitia, sine destructione et vasto hominum et rerum suarum; et si custos terre fecerit destructionem et vastum, amittat custodiam; et custos sustentabit domos, parcos, vivaria, stagna, molendina, et cetera ad terram illam pertinentia, de exitibus terre ejusdem; et ut heredes ita maritentur ne disparagentur, et per consilium propinquorum de consanguinitate sua.

Ne vidua det aliquid pro dote sua vel maritagio post decessum mariti sui, sed maneat in domo sua per xl. dies post mortem ipsius, et infra terminum illum assignetur ei dos; et maritagium statim habeat et hereditatem suam.

Rex vel ballivus non saisiet terram aliquam pro debito dum catalla debitoris sufficiunt; nec plegii debitoris distringantur dum capitalis debitor sufficit ad solutionem; si vero capitalis debitor defecerit in solutione, si plegii voluerint, habeant terras debitoris donec debitum illud persolvatur plene, nisi capitalis debitor monstrare poterit se esse inde quietum erga plegios.

Rex non concedet alicui baroni quod capiat auxilium de liberis hominibus suis, nisi ad corpus suum redimendum, et ad faciendum primogenitum filium suum militem, et ad primogenitam filiam suam semel maritandam, et hoc faciet per rationabile auxilium.

Ne aliquis majus servitium faciat de feodo militis quam inde debetur.

Ut communia placita non sequantur curiam domini Regis, sed assignentur in aliquo certo loco; et ut recognitiones capiantur in eisdem comitatibus, in hunc modum: ut Rex mittat duos justiciarios per quatuor vices in anno, qui cum quatuor militibus ejusdem comitatus electis per comitatum capiant assisas de nova dissaisina, morte antecessoris, et ultima presentatione, nec aliquis ob hoc sit summonitus nisi juratores et due partes.

Ut liber homo amercietur pro parvo delicto secundum modum delicti, et pro magno delicto secundum magnitudinem delicti, salvo contenemento suo; villanus etiam eodem modo amercietur salvo waynagio suo; et mercator eodem modo salva mercandisa, per sacramentum proborum hominum de visneto.

Ut clericus amercietur de laico feodo suo secundum modum aliorum predictorum, et non secundum beneficium ecclesiasticum.

Ne aliqua villa amercietur pro pontibus faciendis ad riparias, nisi ubi de jure antiquitus esse solebant.

Ut mensura vini, bladi, et latitudines pannorum et rerum aliarum emendetur; et ita de ponderibus.

Ut assisa de nova dissaisina et de morte antecessoris abbrevientur; et similiter de aliis assisis.

Ut nullus vicecomes intromittat se de placitis ad coronam pertinentibus sine coronatoribus; et ut comitatus et hundredi sint ad antiquas firmas absque nullo incremento, exceptis dominicis maneriis Regis.

Si aliquis tenens de Rege moriatur, licebit vicecomiti vel alii ballivo Regis seisire et imbreviare catallum ipsius per visum legalium hominum, ita tamen quod nihil inde amoveatur donec plenius sciatur si debeat aliquod liquidum debitum domino Regi; et tunc debitum Regis persolvatur; residuum vero relinquatur executoribus ad faciendum testamentum defuncti; et si nihil Regi debetur, omnia catalla cedant defuncto.

Si aliquis liber homo intestatus decesserit, bona sua per manum proximorum parentum suorum et amicorum et per visum ecclesie distribuantur.

Ne vidue distringantur ad se maritandum, dum voluerint sine marito vivere; ita tamen quod securitatem facient quod non maritabunt se sine assensu Regis, si de Rege teneant, vel dominorum suorum de quibus tenent.

Ne constabularius vel alius ballivus capiat blada vel alia catalla, nisi statim denarios inde reddat, nisi respectum habere possit de voluntate venditoris.

Ne constabularius possit distringere aliquem militem ad dandum denarios pro custodia castri, si voluerit facere custodiam illam in propria persona, vel per alium probum hominem, si ipse eam facere non possit per rationabilem causam; et si Rex eum duxerit in exercitum, sit quietus de custodia secundum quantitatem temporis.

Ne vicecomes vel ballivus Regis vel aliquis alius capiat equos vel carettas alicujus liberi hominis pro cariagio faciendo, nisi ex voluntate ipsius.

Ne Rex vel ballivus suus capiat alienum boscum ad castra vel alia agenda sua, nisi per voluntatem ipsius cujus boscus ille fuerit.

Ne Rex teneat terram eorum qui fuerint convicti de felonia, nisi per unum annum et unum diem; sed tunc reddatur domino feodi.

Ut omnes kidelli de cetero penitus deponantur de Tamisia et Medewaye et per totam Angliam.

Ne breve quod vocatur Precipe de cetero fiat alicui de aliquo tenemento unde liber homo amittat curiam suam.

Si quis fuerit disseisitus vel prolongatus per Regem sine judicio de terris, libertatibus, et jure suo, statim ei restituatur; et si contentio super hoc orta fuerit, tunc inde disponatur per judicium xxv. Baronum; et ut illi qui fuerint disseisiti per patrem vel fratrem Regis, rectum habeant sine dilatione per judicium parium suorum in curia Regis; et si Rex debeat habere terminum aliorum cruce signatorum, tunc archiepiscopus et episcopi faciant inde judicium ad certum diem, appellatione remota.

Ne aliquid detur pro brevi inquisitionis de vita vel membris; sed libere concedatur sine pretio et non negetur.

Si aliquis tenet de Rege per feodi firmam, per sokagium, vel per burgagium, et de alio per servitium militis, dominus Rex non habebit custodiam militum de feodo alterius occasione burgagii vel sokagii, nec debet habere custodiam burgagii, sokagii vel feodi firme; et quod liber homo non amittat militiam suam occasione parvarum serjantiarum, sicuti de illis qui tenent aliquod tenementum reddendo inde cultellos, vel sagittas, vel hujusmodi.

Ne aliquis ballivus possit ponere aliquem ad legem simplici loquela sua sine testibus fidelibus.

Ne corpus liberi hominis capiatur, nec imprisonetur, nec disseisietur, nec utlagetur, nec exuletur, nec aliquo modo destruatur, nec Rex eat vel mittat super eum vi, nisi per judicium parium suorum vel per legem terre.

Ne jus vendatur vel differatur vel vetitum sit.

Quod mercatores habeant salvum ire et venire ad emendum vel vendendum, sine omnibus malis toltis, per antiquas et rectas consuetudines.

Ne scutagium vel auxilium ponatur in regno, nisi per commune consilium regni, nisi ad corpus Regis redimendum, et primogenitum filium suum militem faciendum, et filiam suam primogenitam semel maritandam; et ad hoc fiat rationabile auxilium. Simili modo fiat de taillagiis et auxiliis de civitate Londonie, et de aliis civitatibus que inde habent libertates, et ut civitas Londonie plene habeat antiquas libertates et liberas consuetudines suas, tam per aquas quam per terras.

Ut liceat unicuique exire de regno et redire, salva fide domini Regis, nisi tempore werre per aliquod breve tempus propter communem utilitatem regni.

Si quis mutuo aliquid acceperit a Judeis plus vel minus, et moriatur antequam debitum illud solvatur, debitum non usurabit quamdiu heres fuerit infra etatem, de quocunque teneat; et si debitum illud inciderit in manum Regis, Rex non capiet nisi catallum quod continetur in carta.

Si quis moriatur et debitum debeat Judeis, uxor ejus habeat dotem suam; et si liberi remanserint, provideantur eis necessaria secundum tenementum; et de residuo solvatur debitum, salvo servitio dominorum.

Si quis tenuerit de aliqua eskaeta, sicut de honore Walingeford, Notingeham, Bonon., Lankastre, et de aliis eskaetis que sunt in manu Regis et sunt Baronie, et obierit, heres ejus non dabit aliud relevium vel faciet Regi aliud servitium quam faceret Baroni; et ut Rex eodem modo eam teneat quo Baro eam tenuit.

Ut fines qui facti sunt pro dotibus, maritagiis, hereditatibus, et amerciamentis, injuste et contra legem terre, omnino condonentur; vel fiat inde per judicium xxv. Baronum, vel per judicium majoris partis eorundem, una cum archiepiscopo et aliis quos secum vocare voluerit: ita quod si aliquis vel aliqui de xxv. fuerint in simili querela, amoveantur, et alii loco illorum per residuos de xxv. substituantur.

Quod obsides et carte reddantur que liberate fuerunt Regi in securitatem.

Ut illi qui fuerint extra forestam non veniant coram justiciariis de foresta per communes summonitiones, nisi sint in placito vel plegii fuerint; et ut prave consuetudines de forestis et de forestariis et warennariis et vicecomitibus et rivariis emendentur per xii. milites de quolibet comitatu, qui debent eligi per probos homines ejusdem comitatus.

Ut Rex amoveat penitus de balliis parentes et totam sequelam Gerardi de Atyes, quod de cetero balliam non habeant, scilicet Engelardum, Andream, Petrum, et Gyonem de Canceles, Gyonem de Cygony, Matheum de Martiny et fratres ejus; et Galfridum nepotem ejus, et Philippum Mark.

Et ut Rex amoveat alienigenas, milites, stipendiarios, balistarios, et ruttarios, et servientes qui veniunt cum equis et armis ad nocumentum regni.

Ut Rex faciat justiciarios, constabularios, vicecomites, et ballivos, qui sciant legem terre et eam bene velint observare.

Ut Barones qui fundaverint abbatias, unde habent cartas regum vel antiquam tenuram, habeant custodiam earum cum vacaverint.

[illegible]

图7 （上图）18世纪的一幅版画，画中的约翰正在签署《大宪章》，地点是兰尼米德，大主教兰顿等人在一旁见证。

图8 （下图）竖立在兰尼米德的《大宪章》纪念碑，由美国律师协会出资修建，这是800年来《大宪章》的影响无远弗届的一个铁证。

# 6

* * * * * *

# 危机与阴谋，1212—1214年

1212年春，约翰感觉自己强大无匹，但他和法国之间的问题仍悬而未决，毫无松动迹象。从诺曼底海岸撤回英格兰已经是六七年前的事了，但诺曼底公爵领地以及他的家族在大陆上的土地仍在腓力·奥古斯都的掌握之下。对任何一名金雀花国王来说，是可忍孰不可忍。“再征服”一事如果再拖下去，简直就是终极意义上的无所作为，而且还有一个很重要的原因，那就是约翰在英格兰的城堡里已经囤积了足够的银钱，就算他想侵入耶路撒冷都不在话下。通往卡昂、鲁昂、勒芒和其他目的地的旅途虽然长，但还不至于让人望而却步，更何况从欧洲其他地区的态势来看，情绪已经酝酿得恰到好处。如今时机已经成熟，只待约翰采取行动。

实际上，到了1212年的春天，再征服的可能性已经越来越不容忽视。在整个西欧，由于身为领主的腓力经常仗势欺人，其他统治者已经开始反抗，其中包括布洛涅伯爵、布拉班特公爵和其他法兰西附近的领主，其中声名最著的当数不伦瑞克的奥托，他是约翰的姐姐玛蒂尔达的儿子。奥托在理查一世的宫廷长大，后来在德国和意大利开始了波澜壮阔的政治和军事生涯，1209年他成为神圣罗马帝国皇帝，也就是奥托四世。这些全都是不容小觑的盟友，他们也都为了利益一心怂恿这名英格兰国王跟法兰西兵戎相见。因此到了1212年，约翰重新在腓力的北部和东部边境创立反法兰西同盟（这原本是他的兄长理查最青睐的政策），这些欧洲大陆的朋友全都得到了慷慨资助，不但有膳宿费，还有礼物可拿。然后在6月，他以封建领主的名义发出号召，在朴次茅斯召集了一支属于自己的军队。如今看来，入侵的一切准备似乎都做好了。然而就在这一时刻，情势开始急转直下。

约翰的问题始于威尔士。1211年，他以酷烈手段对付当地诸君主，而到了1212年夏季，他开始感受到这股力量的反噬：在卢埃林·埃普·艾奥沃斯的领导下，他们大举反叛。怒不可遏的约翰下令绞死了12名威尔士人质，然而，他又不得不将其召集的军队从英格兰南部海岸调动至西北部的切斯特。更糟糕的事还在后头。当年夏天，一个名为韦克菲尔德的彼得的隐士因为预言国王的死期而突然声名鹊起；当年8月，这一预言获得了充满不祥意味的实质性支持。有人告诉约翰，他麾下两名男爵——尤斯塔斯·德·韦希和罗伯特·菲茨沃尔特——正在商量一项阴谋，要么直接杀死他，要么把他交给威尔士人。约翰对他的臣民一直抱有怀疑之心，就连那些被他视为朋友的人也概莫能外。这次之后，他将陷入偏执的旋涡，一刻也不得脱身。

毫无疑问，德·韦希和菲茨沃尔特反叛约翰是有原因的。当时就有流言说约翰曾试图诱奸德·韦希的妻子和菲茨沃尔特的女儿。这种说法属于空穴来风，未必无因。然而更切中肯綮的是，人们普遍对约翰的统治以及金雀花王朝整个治理体系怀有不满，这两位领主代表了反抗早期的两种势力。德·韦希是北方人，在约翰统治时期这个地区首次获得了一名金雀花家族国王的全力关注，而且未来的几个月，这个地区还将出现更多反叛的男爵。作为一个群体，英格兰北方男爵对王室权力的入侵最感不满，毕竟这片化外之地在此之前几乎不受王命管辖。从历史上来说，他们对诺曼底毫无兴趣，毕竟对他们当中的很多人来说，诺曼底和挪威一样远在天边，而且他们也最痛恨为王室跨海征战提供军队或支付代役金。他们强烈认为自己是一个独立的政治团体，拥有相当多共同利益，而外部干预可能会让他们的利益受威胁。

不过菲茨沃尔特并非北方人，而是东安格利亚以及东南英格兰的巨富男爵，甚至可以说是整个英格兰最富有的男爵之一，在很多年的时间里，他曾与约翰过从甚密。此人性喜吵嚷，动辄对人暴力相向，而且相当冥顽不灵。表面看来，他之所以成为反约翰男爵阵营的急先锋，根源在于他与约翰之间一系列微不足道的冲突，而随着导致《大宪章》产生的危机逐步加剧，他一直留在反对派阵营。他绝非为了坚持某种理念而敢于冒天下之大不韪的人，但毕竟也是环境的产物，而这个环境主要是约翰造成的——在这一环境中，英格兰的男爵们对约翰的幻想破灭，他们被约翰激怒过，还受到过约翰的威胁，因而他们甚至准备支持谋杀约翰的计划。

一俟阴谋被约翰察觉，德·韦希和菲茨沃尔特都带着家人和家产逃之夭夭，他们分别逃到了苏格兰和法兰西。他们在郡法庭上被宣布为逃犯。但参与谋划的并非只有他们两人，而他们的逃离既未能让英格兰的麻烦从此消失，也未能平息国王的熊熊怒火。

转眼到了1213年，与一年前相比，约翰的地位越发岌岌可危。

前一年的夏季，他放弃了入侵法兰西的打算，拱手把军事主动权让给了腓力·奥古斯都，腓力则当仁不让，派自己的儿子兼继承人“雄狮”路易入侵英格兰、夺取王冠，然后亲自在达默及茨温河口召集了一支规模庞大的舰队。法兰西国王之所以敢这么做，原因之一是约翰与罗马日益疏远，被逐出教门之后，约翰就成了异教徒，不再受到教宗的庇护。事实上，教宗与约翰的关系已远非疏远这么简单。1213年初，教宗英诺森三世威胁要废黜约翰，并准许法兰西国王出兵讨伐这名“基督之敌”。尽管约翰一直以来都在极力拉拢腓力的敌人，但如今看来，一次带有圣战的义愤的反击已迫在眉睫。

然而，在这样的恶劣处境下，约翰突如其来地展现出了天才般的外交手段。1213年5月13日，他与教宗的代表、驻英格兰王庭特使潘道尔夫·韦拉西奥会面，并同意回归教会，接受斯蒂芬·兰顿为坎特伯雷大主教，而最令人吃惊的是，约翰竟然同意向教宗交出英格兰和苏格兰，当作教宗的采邑。5月15日，他以谦卑的姿态公开接受教宗为领主，而且仅支付了区区1000英镑贡金。对约翰这样一位富得流油的国王来说，这点钱根本不值一提，尽管如此忍气吞声、放弃对英格兰教会的勒索肯定让他感到愤愤不平，但他也得到了回报：如今作为教宗的封臣，他可以声称自己享有特别保护，一切敌人均不得轻举妄动。

对那些反对约翰的英格兰男爵，以及孜孜不倦地要把约翰推下王座的法兰西国王来说，形势已经今非昔比。终于，入侵法兰西的行动在5月30日开始，几艘英格兰船只偷偷驶入茨温河口，纵火焚烧法兰西停泊在那儿的舰队。无论如何，约翰终究躲过了一次货真价实的危机。但过不了多久，惊魂甫定的约翰将再度陷入绝望。

虽然征战欧洲大陆的部署给他带来了无数麻烦，但约翰入侵法兰西的热情却未因此而磨灭。在1213年的剩余时间里，他继续斥重金为腓力与佛兰德男爵之间的代理人战争提供资金。与此同时，他还筹划着下一次亲征。然而他再一次发现一些冥顽不灵的英格兰男爵对他要求支持的号召置若罔闻，尤其是北方的男爵。其他人虽然按照他的要求派出骑士、支付代役金，但他们绝非心甘情愿。1213年11月2日，约翰在北方诸郡进行了一次短暂的兵威展示，一心要让臣民畏服。之后约翰在牛津郡的沃灵福德与北方诸男爵召开会议。会上约翰一面试图安抚他们，许诺进行改革，一面又要给他们一个下马威，派全副武装的骑士将男爵们团团围住。霹雳手段展示完毕，约翰重新开始集结一支舰队和一支陆军，要从南部拿下诺曼底。这一宏伟构想诚然令人叹为观止，但无疑也所费不赀，约翰倾其所有准备孤注一掷。于是他对臣民的横征暴敛也就更胜以往。

在入侵法兰西之前的几个月里，约翰从威廉·菲茨艾伦手中榨取了10000马克，而菲茨艾伦得到的好处是可以继承家族的封号。约翰·德·莱西为一项类似的特权支付了7000马克。寡居者若要保留寡妇地产，并且获得再嫁豁免权，最高需要支付1000英镑。下面这笔罚款大概可以说是约翰在位期间所征收的最不堪的一笔了：杰弗里·德·曼德维尔为了与被约翰抛弃的第一任妻子结婚，支付了20000马克。不仅如此，这些数目庞大的款项要求支付方承诺，如果未能支付罚款，他们将放弃所持全部土地及保有物，交给国王本人。*与此同时，被约翰怀疑不忠的男爵要被迫以土地、城堡做抵押，以子女做人质，保证自己会效忠王室、恪尽职守。[1]即使以约翰的标准来看，这也是一个严刑峻法、彼此猜疑、勒索压榨、暴虐严酷的时代，可想而知，臣民不会因种种暴行而对他爱戴有加。1214年，他扬帆出海驶向普瓦图，并派兵戍守他在英格兰北部的城堡，以防任何人借机启衅。他深知，在自己国境之内，叛乱随时可能发生。

在法兰西，约翰制订了一个雄心勃勃的作战计划，按照计划，约翰要从他所在的拉罗歇尔大本营北进，普瓦图的人马沿途加入，制造足够的声势，让腓力无暇旁顾，这样奥托皇帝与约翰的佛兰芒联盟军就能以迅雷不及掩耳之势攻占巴黎，然后南下，成钳形攻势包围腓力·奥古斯都的部队。然而就在这千钧一发的关头，约翰在普瓦图的盟友却突然气馁，决定不与法兰西国王开战，匆忙返回故土。约翰别无选择，只得按兵不动，等待来自北方的消息。

然而约翰等来的却是坏消息。1214年7月27日，星期日，天

---

* 保有物，指由采邑占有人所持有的土地（可能也包括土地上的不动产）。

气闷热，约翰的盟友组成的联军——包括奥托、约翰的弟弟威廉·朗格斯佩（亨利二世的私生子索尔兹伯里伯爵）、布洛涅伯爵、佛兰德伯爵、布拉班特公爵和形形色色其他花大钱召集来的大陆上的领主——与腓力·奥古斯都的军队在布汶遭遇。布汶是一个非常小的村庄，附近有一座桥横跨马克河，其所在地就在今天的法国北部—加来海峡大区。联盟军的大旗上画着奥托的龙与鹰标志，法兰西一方的旗帜则是黄金火焰军旗。毫无疑问，这一天意义重大。在这个注重围城作战、小规模冲突和消耗战的时代，人们通常认为正面硬攻不仅结果难料，而且过于凶险。实际上，正面对攻的战例非常少，尽管很多参战者都曾有过在竞赛场的乱斗中参与集团作战的经验，但很少有人能在他们的人生中走上战场。而且所有人都知道，赢得战争是获得上帝青睐的绝佳证明。

约翰的联盟军在布汶吃了败仗。不仅是失败而已，简直是一场大溃败。奥托和数名贵族逃离战场。布洛涅伯爵、佛兰德伯爵以及索尔兹伯里伯爵被俘，一同被俘的还有近30名高级别骑士和贵族，以及人约9000名参战者。对腓力·奥古斯都而言，这场战斗毫无疑义地证明了自己的清白。编年史家贝蒂讷的无名氏写道："从此以后，再也没有人敢兴兵相抗。"而对约翰来说，布汶战役是一场塌天大祸。他自己的名誉和大部分财富都系于这一战的结果，他原本希望上帝将用这场战斗的结果来凸显他的事业是正义的。然而，上帝给出的答案却是约翰终究难成大事。10月13日，他离开了法兰西的土地，从此再未踏足。

# 7

* * * * * *

# 那片叫作兰尼米德的草地，1215年

布汶大败之后，约翰辛苦建立的外交和军事名声均告瓦解，而一旦返回英格兰，他手下的男爵们却比以往更加众口一词地向他倾泻怒火，对他强硬的统治手腕表示抗议。他的王国正岌岌可危，一场内战已迫在眉睫。对约翰来说，这场战争既不可避免，也绝无能力负担。在为之前布汶的那场战争做准备的时候，约翰不是放弃就是耗尽了最有利可图的收入来源。按照编年史家科吉舍尔的拉尔夫的说法，战败之后，约翰被迫支付了60000马克，以换取与腓力·奥古斯都的五年停战。如果要为一场内战筹集资金，没有比这更糟的时机了。但显而易见的是，以北方诸男爵为首的敌人一心求战：1215年，他们全副武装赴伦敦参加了一次会议，要求国王进行改革。忧心忡忡的约翰不得不从圣殿骑士团贷款，想要利用欧洲大陆的雇佣兵组建起一支军队，让他们来保护自己的王冠。*

除了苦心孤诣地为军事冲突做准备，约翰还开始寻求政治方面的途径，以避开男爵们的怒火。1213年，为了让教宗解除禁止令，他宣布自己为教宗的封臣，这种厚颜无耻的行径为他赢得了罗马某种程度的保护。3月4日，约翰试图加深与英诺森三世之间的联系，庄严发誓成为一名"圣战者"。约翰想要效仿自己的兄长理查挥军东进摧毁圣地的异教徒军队，这个想法从理论上来看似乎不错，但在现实中几乎不可能实现。但不管怎样，约翰的算计

---

* "圣殿骑士团"是基督教教士组成的最早的军事团体，其最初目的是保护圣地的基督教朝圣者。他们获得了赞助和支持，并由此变得富可敌国。

有一点是正确的：获得圣战者身份之后，他为自己再次增添了一层防御，那就是教宗的宠幸。在遭绝罚的时候，约翰还一副乐呵呵无关痛痒的态度，如今他却要放手一赌，赌他在英格兰的敌人因为害怕教宗施以同样的责罚而不敢发起进攻。

然而，约翰刁滑的头脑转得虽快，但情势的发展速度更快。从1214年10月约翰结束布汶战役回来到1215年春末之间的某个时间，一份文件——今人所称的[1]“不见经传的宪章”（Unknown Charter）——出现了，起草者是英格兰那些矢志要让约翰洗心革面的人。“不见经传的宪章”可能反映了约翰一方的人和与之敌对的男爵在1215年早期进行的谈判。当然，其中已经蕴含了几个月后即将成形的《大宪章》的萌芽。

“不见经传的宪章”开篇就列举了约翰的外曾祖父亨利一世1100年即位时所授予的自由宪章，在自由宪章当中，亨利一世承诺要“赋予上帝的神圣教会以自主权”，允许臣民支付“法定且公正”的权利金后即可继承家业，保护寡居者，按照某种行之已久的但界定相当含混的标准来确定某些罪行应该施以何种程度的金钱处罚，限制皇室林苑的范围，并且按照最后一任撒克逊国王忏悔者爱德华定下的法律保境安民。但是“不见经传的宪章”的目的不限于将时钟拨回到115年前，还包括一系列其他要求，有些甚至相当激进，目的在于改革（某些情况下还要求废止）自金雀花王朝成立以来成为政府基石的某些政策。这些要求（从文句的语气来看，就好像国王已经同意了一样）还附有一份笼统且非常理想化的声明，它与广为人知的《大宪章》第39条和第40条非常接近：约翰王承认，他不得在未经审判的情况下逮捕他人，也不得接受任何司法支付，或从事任何不正义行为。“不见经传的宪章”后文还包括一些草拟的国王的承诺，比如为继承事宜仅接受“公正的权利金”作为支付，保护寡居者的权益，将英格兰之外的军事劳役限制在（“且严格限制在”）诺曼底和布列塔尼，将代役金限制在每个骑士1马克，并归还所有在亨利二世、理查和约翰统治期间划定为林苑的土地（新近被宣布为王室林苑的土地）。*

尽管“不见经传的宪章”具体签署时间不明（“不见经传”四字已经说明了这一点），但它仍透露了大量信息，告诉我们在《大宪章》诞生前的几个月里，约翰满腹怨怼的臣民都在想什么。他们不仅设法用某种手段反叛这名粗暴对待他们并且战事失利的国王，还准备挑战一系列已占据金雀花治理体系核心位置的政治议题。无论如何，在“不见经传的宪章”的起草者看来，自1152年亨利二世登上王位以来，英格兰的历史是一连串的倒错与背叛。在这段时间里，“美好往昔”——尤其是亨利一世和忏悔者爱德华统治时期——的精神已荡然无存。他们希望对政策做出一些具体修改，限制国王对臣民的征税和罚款。但他们也寻求针对国王对教会与人民的基本职责做出宏大且面面俱到的哲学性声明。当然，并非约翰所有的敌人都指向这些日标，而且毫无疑问，有些人只

* 通常来说，“骑士领”是指足以支持一名骑士一年生计的土地单位，大小取决于土地的位置和价值。

是希望向一个长期以来以压榨、欺凌、亵渎和谋杀为己任的国王报仇雪恨。不过其他人（而且毋庸置疑的是，这样的人为数不少）则认为，1215年迫在眉睫的危机是一个难得的良机，如果抓住这个机会，他们就能够以更根本的方式改变他们所处的世界。这些利益集团结成联盟之后，1215年的男爵改革运动也就势在必行了。

* * *

1215年5月5日，在北安普敦郡布拉克利颇负盛名的马上比武场，一群男爵正式宣布放弃对约翰王效忠，也就是不再履行作为封臣的义务。按照原定计划，约翰应该出席北安普敦的一次会议，在这次会议上他应该对一系列要求——这些要求可能与“不见经传的宪章”所载列的要求非常相似——做出回应，但约翰并未露面，而此时距离约翰爽约已经过去了十天。放弃对国王的尽忠誓言之后，这些男爵就相当于已经宣布可以不受约束地与国王兵戎相见了。他们发现，一旦走到这一步，再想退却就没那么容易了。

5月9日和10日，约翰提出以仲裁方式解决分歧，仲裁形式不限，既可以采纳他信任的人提出的建议，也可以采纳王室法庭提出的建议，或者由八名男爵组成一个小组进行商议，并最终经由教宗批准。然而，对高举反旗的诸男爵来说，这些提议全都不可接受，因此5月12日，约翰命令手下包围反叛者居住的城堡。这就是宣战了。英格兰一众贵族不得不选择立场，表明自己到底支持哪一方。他们要支持教宗加持的圣战者国王吗（国王已提出和平提议，但条件却对他自己偏袒有加）？或者说，他们要拿起武器反抗压迫他们的暴君吗？如果不加制止，这名国王无疑还会继续压迫他们。

相当一部分人选择了忠于王室。在他们看来，反抗一名有罗马支持的国王风险太高，而且如果大家都不服从，必然陷入无政府状态。自约翰出生以来，彭布罗克伯爵威廉·马歇尔就为金雀花家族服务，尽管因为德·布雷乌泽的事情与国王失和，但他并未打算反叛。其他贵族，比如瓦伦伯爵威廉也持有相同看法。约翰身边还有一名代表教宗权威的人物：潘道尔夫·韦拉西奥。但尽管如此，国王及其支持者所面对的反叛者组成的联盟也相当强大，不容小觑，其中就包括1212年事件的策划者尤斯塔斯·德·韦希和罗伯特·菲茨沃尔特，后者已经决定采用“神之军大元帅”这个浮夸的头衔。跟他们站在一边的，则是声名更加显赫的“北人”，比如威廉·德·莫布雷、理查德·德·珀西和罗杰·德·蒙特贝冈，还有身处英格兰其他地方的大地主，比如诺福克伯爵罗杰·比戈德、牛津伯爵罗伯特·德·维尔和温切斯特伯爵萨尔·德·昆西（直到1215年1月之前，他都是约翰最亲密的顾问之一）。最重要的是，反叛者中还包括伦敦民众。5月17日星期日，伦敦城城门大开，迎接菲茨沃尔特领导的叛军，这显然是一个精心安排好的计谋，当时伦敦城的很多民众都在望弥撒。

位置介于国王和叛军之间——虽然他本人明显倾向于后者——的是斯蒂芬·兰顿，这位大主教原本一直是约翰较早时期大量问题的根源。兰顿将成为一名重要的调停者，并将利用他的智识为1215年6月出现的最终版宪章做出意义深远的贡献。[2]

由于伦敦落入叛军手中，约翰被迫同意进行谈判，因为伦敦城防守森严，城里熙熙攘攘地挤满了他的敌人，他没有能力用围困的办法拿下此城。伦敦陷落后不久，约翰即向萨尔·德·昆西和兰顿大主教发出了安全通行证，允许这两人以男爵方使者的身份觐见。5月29日，他再次提出让教宗对此事做出仲裁，并再次以碰壁告终。此时国王正待在温莎附近的地区，从此地骑马沿河北上，只需半天时间即可到达伦敦。到了6月的第一个星期，国王方与男爵方的一个固定会议地点得以确定。在温莎东南方数英里的地方有一大片草地，直到今天，这片草地仍然嫩绿而茂盛，枝繁叶茂的橡树碧翳参天，一侧是缓慢流淌的泰晤士河水，另一侧则是低矮的起伏群山。在《大宪章》中，这个地方被称为“温莎与斯泰恩斯之间的兰尼米德草场”。在整个6月上旬，信使们马不停蹄，穿梭于这片草地，在国王方和伦敦的男爵方之间传递消息。他们如此奔波是要为眼下的僵局找到一个解决之道，从而避免令人惊惧的内战。于是，缓慢但有条不紊，和平条约初具规模。

在双方就各项条款达成一致、《大宪章》终于面世前的那些天，以及国王和男爵双方最终宣布和平前的那几天，相关事件的确切顺序我们仍然难以厘清——毕竟时间已经过去了800年。[3]但经过合理构建，事件的大致顺序可能是这样的。

从1215年5月底开始，约翰和男爵们都接受了这样一个观点：

必须以某种类似于“不见经传的宪章”的条款为基础达至和平。接下来的十天里，双方的协议在王室书记员手中不断起草、重拟。一份非常接近最终版《大宪章》的草案保存到了今天，这份被称为《男爵法案》的文件加盖了国王的印玺，为了流传后世，兰顿后来似乎还将其保存起来。[4]与“不见经传的宪章”不同，《男爵法案》中不再包括亨利一世所做让步的相关内容，但在国王和男爵之间存在直接争议的问题上复杂得多，也详细得多。它一共有49条，每一条都包含了相当多的技术细节，涉及继承财产时应缴纳的权利金数额、寡居者的权利、对待王室的债务人的态度、代役金、封建援助及租税的水平，王室使用某些令状的限度，犹太贷款人债务的处理程序，此外还有很多规定，其中一些显然属于改革的细枝末节，比如度量衡、为重建桥梁提供资金的章程，以及在泰晤士河和梅德韦河放置鱼堰的规定。

《男爵法案》还包括这样的声明：“自由人不应被逮捕、驱逐、剥夺法律保护、流放或以任何方式受到损害，国王也不应攻击或指使任何人以武力攻击自由人，除非有他同辈的判断或本国的法律为依据。”[*]此类规定的初衷与“不见经传的宪章”类似，很明显，国王的敌人们正非常小心地摸索前进，以期形成一项一般性的声明，要求国王承诺不再实行暴政。同样重要的是，《男爵法案》包括了《大宪章》中最雄心勃勃的条款，即保障条款（第61条）的

---

* “驱逐”是指夺取某人的土地或土地上的不动产。

初稿。该条款提议设立一个由25名男爵组成的委员会，这些人相当于“和平委托人”，按照法律授权，一旦王室违法，他们可以“以一切可能的方式扣押或查封国王的财物”。

兰尼米德的谈判并不容易，几乎可以肯定的是，整个过程对约翰来说不胜其烦，他的情绪变化被本笃会编年史家马修·帕里司记录了下来——也许不无虚构，但仍相当可信。帕里司写道，国王在与对手交涉时表现得非常冷静，但在幕后“他咬牙切齿，翻白眼，抓起木棍和稻草就咬，像疯了一样”。不过就算约翰私下里真的如此怒不可遏也于事无补。到6月10日星期三，《男爵法案》的大体条款已被双方接受，约翰已将他与男爵间的和平状态延长到下一个星期一（也就是6月15日）上午。延期可能有两个目的。首先，它给了有关各方——国王、叛军派系中的各种声音，以及斯蒂芬·兰顿为首的教会代表——时间，在已商定和平条款的框架下消除其余分歧。其次，它让各方都有时间为大会做准备，这次大会要比此前一直在举行的特使之间的会议规模更大、规格更高。我们如今称为《大宪章》的协议终将正式亮相。

如果我们相信约翰王在1215年《大宪章》现存四份副本的末尾所说的话，那么6月15日（星期一）就是这一伟大的宪章“加盖我的御玺”的日子。换句话说，这是《大宪章》的诞生日，也是该文件第一批手抄本开始制作的日子。与人们通常所认为的情形不同，《大宪章》从未像20世纪那些意义重大的和平条约那样“签署”。但它经过了“御准”（国王正式表示同意）、“誊清”（用漂亮的书法写在一大张羊皮纸上，便于其他人阅读以及书记员抄录），并通过加盖御玺加以确证。这三个步骤都属于整体流程的一部分，而且可能都发生在6月15日。

然而，缔造和平的进程并未就此终结。就在同一周的星期五，也就是6月19日，反叛的男爵们聚集在国王面前，重新表示臣服（此前他们曾在布拉克利宣布放弃效忠），以此表明他们接受宪章中经国王“御准”的条件。我们可以假设，在6月15日至19日之间的四天时间里，叛军一方因是否接受摆在他们面前的协议而争论不休。显然，很多男爵都接受了。但有些人没接受。对某些人，特别是强硬派的北方人来说，国王仍然是暴君，是他们的敌人，宪章还不如写宪章用的那张羊皮纸值钱。这些强硬派满怀厌恶地回到了北方，并准备继续与一个他们永远都无法信任的国王作战。从某种意义上来说，他们是对的。没过六个星期，约翰就推翻了在兰尼米德达成的协议，一场所有人都曾试图避免的战争将席卷整个英格兰。

8

* * * * * *

# 自由宪章，1215 年

1215年6月15日，约翰在兰尼米德同意了《大宪章》，四份抄写在羊皮纸上的“誊清本”保存到了今天。两份保存在大英图书馆（1731年的一场大火导致一份严重损坏，不过加盖印玺的部分仍存）；一份保存在索尔兹伯里大教堂；另外一份属于林肯大教堂，安然保存在相距不远的林肯城堡之中。这四份文件之间有些细微的差异，比如索尔兹伯里本的手写风格就迥然不同，但基本而言，这四份文件都是《大宪章》的精确复制品，都曾附有王室印记，说明这四份文件都是正本，这个印记就是文件底部通过一截绒绳连着的一个相当大的双面火漆印。

1215年《大宪章》应该有过大量抄本，事实上，许多抄本以及后来重新颁布的《大宪章》都保存在世界各地的档案馆中。但到底曾经存在过多少份“原始抄本”至今仍不得而知。至于是否曾经有一份原始的“主文件”（在人们的浪漫想象中，这份文件在某项仪式上加盖了印玺，而这一仪式在绘画或表演中时有体现）都很难说。事实上，我们可能必须完全放弃这样一幅图景：约翰王正襟危坐，这份伟大的文件放在他面前就跟现代足球运动员签署一份薪酬丰厚的合同的情形差不多，无非是发生在中世纪。在约翰那个时代，没有哪个国王会纡尊降贵，亲自执行在文件上加盖印玺这样的贱役。这项任务有专门的负责人，那就是文秘署的盖印官。[1]各方很有可能事先就《大宪章》的条款达成一致，而形式上生效的表示是，诸男爵在6月19日恢复对约翰的效忠，缔造和平并就宪法原则达成一致的过程相当混乱，而且颇费时日。

尽管有关《大宪章》历史和神话的叙事纷繁芜杂，但这份宪章的内容仍然非常重要，这一点对所有读过宪章的人（或者在更为常见的情形下，听别人读过的人）来说都再明显不过。总计逾4000个拉丁词的《大宪章》文本涉及大量政治、法律、司法、教会、经济和封建事务，在某些方面还存在着大量细枝末节。虽然最初的宪章文本是未分段的长篇大论，但现在的习惯做法是将其细分出条款（或章节），总计六十三条（见附录1）。如果按顺序阅读，感觉就像一大堆杂七杂八的议题和陈述，彼此之间几乎没有内在关联。尽管如此，整体而言这份文本从各个方面构成了对金雀花王朝的治理的批判，约翰的统治更是成为大加挞伐的对象。

《大宪章》的开始部分是序言，在序言中约翰仍称自己为“诺曼底公爵、阿基坦公爵和安茹伯爵”，向王国的所有贵族（“大主教、主教、修道院院长、伯爵、男爵”）以及为王室服务的人员（“法官、林官、郡长、总管、家臣以及所有执行官”[2]）发言。虽然看起来不起眼，但非常重要的一点是，这份宪章的对象也包括“omnibus...fidelibus suis”，也就是约翰“所有的忠实臣民”。在这里，忠实至关重要。序言之后的内容是国王授予和平，并对许多渴求已久而未得的自由予以确认。但宪章中明确表明，这两项特权只限于那些服从约翰统治、接受约翰的领主权并寻求和解的人（当然是对有必要寻求和解者）。所有人都心知肚明，约翰虽然同意了《大宪章》的条款，但他并非心甘情愿，而且内心多有保留。尽管如此，约翰使用“fidelus”一词只是为了保证这份协议是一项交易——王室的至高权力受到了相当严重的损害，作为交换，他的敌人则要明白无误地表示服从。

接下来是一份名单，按照约翰的说法，这些人就这份文件向他提了建议。名单载录了27个姓名（见附录2），其中大部分是主教和男爵，他们在此前历时数周的对峙中保持了忠诚。在第62条中，这些人也被指定为宪章的见证人。名列榜首的是大主教斯蒂芬·兰顿，他是“坎特伯雷大主教、全英格兰首席主教暨神圣罗马教会枢机主教”。当然，兰顿一直是兰尼米德的主要调停人。因此，《大宪章》第1条明显带有兰顿的印记：[3]

首先，我已向上帝承诺并借此特许状代表我和我的世代子孙确认，保证英格兰教会永远自主，其权利将完整无缺、其自主权将不受侵犯。

开宗明义，第1条第一句话非常重要，因为兰顿试图以此一劳永逸地解决自亨利二世和托马斯·贝克特在12世纪60年代首先爆发冲突以来，在金雀花国王和他们的大主教之间的激烈争论。泛而言之，宪章开头就提到了教会和教会权利，这与亨利一世加冕特许状的开头部分遥相呼应，而这份加冕特许状对《大宪章》有着非常重要的影响。[4]具体而言，兰顿让国王承诺不再干涉教会选举——显然，兰顿的个人经历让他有充分理由这么做。然而同样重要的一项事实是，在该条款的结尾，约翰在发誓不干预教会事务之后，几乎重新为宪章起了个头，声明“对我国所有自由人……允许他们享有下文所记载的自主权”。因此，约翰与教会的契约跟他与世俗臣民的契约是分开的。他对教会的承诺被置于所有其他承诺之上：不但放在了极为显眼的位置，甚至可能受到了特别保护。

在《大宪章》之前的《男爵法案》中，没有任何条款提到教会自主权。相比之下，在《大宪章》中，这个问题被提升到了先于其他一切问题的高度。在谈判后期，兰顿把自己的政治关切直接提升到首要位置。为了排除“约翰对教会的承诺具有特殊地位”的怀疑，第63条也就是最后一条重申了这一事实：“我愿意坚定不移地宣布，英格兰教会将自主行事……享有并保持……上述一切特权、法权和让步。”人们通常认为，《大宪章》作为一份文件，规范的仅仅是臣民或公民的世俗权利，然而在1215年，宗教方面的考虑被置于首位。

接下来，《大宪章》处理的是约翰和男爵之间争议最大的问题之一：继承人须缴纳的续租费问题。约翰同意对自己的要求权加以限制，允许伯爵、男爵和王国内其他贵族的继承人“缴纳100镑即可继承全部男爵治所”，而骑士继承人缴纳最多100马克即可继承全部骑士封地。威廉·菲茨艾伦这样的人再也不会被收取10000马克这样高得离谱的续租费才能继承遗产了。同样，约翰也不得强迫他的男爵们陷入实际破产的境地来维持对他们的政治控制。约翰的执行官“只要负债人的动产足以偿债，我或我的官员将不得收任何土地或地租来偿债”（第9条）。评估刚去世的人的财富——以及因此欠国王的遗产税——的流程得以阐明，这就防止了咄咄逼人的王室官员狮子大开口（第26条和第27条）。换句话说，在约翰的统治下得以显著扩张的财政署的权力——勒索、欺压甚至让任何国王不喜欢的人倾家荡产——现在受到了严格监督。

其他的主要政治问题也都在这份《大宪章》中有所提及。各郡的“地租”——为王室服务的郡长收取的固定税——将固定为“以往”（antiquas）的税率，尽管税率到底是多少并未予以界定（第25条）。在国王可以收取代役金——约翰的统治时间虽然相对较短，但这种军事税他一共征收了11次——的情况下，也仅限用于赎回国王本人，“用于册封我的长子为骑士”以及“用于我的长女出嫁”（第12条）。另外一件事则重要得多（至少就英国日后的宪法发展而言），那就是国王承诺只能经过“全国广泛协商”，以“合理的”水平征收代役金，而且国王要根据第14条中新确立的一项协议来召集此类协商会议。在13世纪后半叶和14世纪，只有在王国同意后[表达同意的场合是议会（Parliament），后来议会一词就成了国王和臣民之间所举行正式会议的名称]才能征税的理念将成为英国政治思想和实践中最神圣的理念之一。

宪章中的其他条款涉及继承相关法律和习惯的不同方面。寡妇（第7条和第8条）“应不受阻挠地获得其陪嫁与亡夫遗产”，不得强迫其为这一特权向国王付费，也不得强迫其违背自己的意愿与人成婚。（然而，《大宪章》在女性问题上并不完全持自由主义立场。第54条规定：“任何人不得因一个女人的杀人起诉而遭逮捕，除非死者是该女人的丈夫。”）如年轻男性在继承土地时尚未成年（第3条），那么成年后即可享有继承权，不必缴纳替补费或契约变更费，国王同意在没有充分的封建理由（第37条）的情况下，不得扣押去世者的子嗣并要求对该等子嗣实施监护。获得该等子嗣之监护人资格的人应遵守约定，善加维护他们的林园和田地，护持他们的遗产，不得仅为快速获利而榨取土地（第4条和第5条）。

《大宪章》中涉及的其他问题包括对犹太放债者的债务，国王被禁止在接手高息贷款后命令王室官员催收利息（第10条和11条）。伦敦公民在将约翰带到与敌人的谈判桌方面发挥了非常重要的作用，也将享受其一切古已有之的自主权，及“陆路与水路的免费通关权”（第13条），伦敦的商人被授予行动自由，并获免除“一切非法路费”（第41条和42条）。这片土地上的最高法院——高等民事法院——将拥有固定办公地，寻求伸张正义的人们不必再到处去寻找约翰“大篷车法庭”的驻跸之地。郡法院也将全年在固定时间、固定地点开庭（第17—19条），他们对违法行为所处罚金应合情合理（第20—22条）。第23条对桥梁建设予以规范，而第33条则禁止在泰晤士河和梅德韦河设置鱼堰——一种可能阻碍河运的木制捕鱼装置。第35条规范了粮食、布和麦芽酒等生活中最重要东西的度量衡。《大宪章》禁止令人憎恶的征发食物的行为——王室官员（特别是国王）在英格兰全境众多城堡内的驻军在不进行支付（或本来就没打算支付）的情况下，将货物、庄稼、马匹和车辆带走供国王使用的行为（第28条、第30条和第31条）。《大宪章》还简要提到了存有争议的英格兰林苑法律，承诺不通过林苑法官审判林苑外的居住者（第44条）、调查林官的腐败行为（第48条），并归还约翰统治期间为扩张林苑边界所圈定的禁苑（第47条），不过亨利二世和理查一世时期所圈之禁苑不在整改之列（这一点至关重要）。

除了这些具体的改革措施，《大宪章》当然还涉及了宏大理念。实际上，正是因为这些含义最为笼统，同时也是就某种程度而言政治上最不成功的条款，《大宪章》才能历经8个世纪仍然盛名不衰。诸伯爵以及男爵“只应由同级贵族按其犯罪程度惩罚”，而且“罚金数额须与其过失的严重程度相当”（第21条）。法官、郡长和其他王室官员需称职胜任（第45条）。后来，《大宪章》还进一步拓展了这条原则，使之成为过去一千年来所有重要宪法性文献中最历久弥新的条款之一：

任何自由人将不受逮捕、监禁、没收财产、剥夺法律保护、流放，或以其他任何方式受到伤害，我亦不会对其施加暴力或派人对其施加暴力，除非通过其平等人士的合法裁决或通过英格兰法裁决。

1215年，出自第39条的这项声明虽然相当不切实际，但其本意是要阻止约翰凭借个人好恶、一时兴起就处置麾下诸侯的行为。然而久而久之，第39条——以及接下来的一条——简洁明了地表示国王“不会向任何人出卖权利或正义，也不会拒绝或拖延任何人的权利或正义”，这条已经被广泛奉为圭臬，成为多项司法原则的鼻祖，比如陪审团审判原则、人身保护令以及司法权应持之以恒地裁抑政府权力这一基本理念。

然而，尽管《大宪章》中不乏立意宏大、放眼长远的内容，但仍有相当一部分内容模棱两可、语焉不详或者含糊其词。在某些地方，《大宪章》看似半途而废，让人意气难平。比如，诸如“不得强迫持有骑士封地或其他自有地者服额外之役”（第16条）这样的条款显然意在推进复杂得多的政治议题：在本例中，其中所牵涉的议题是，约翰往往会坚持要求他人服军役，或进行某项支付，但按照封建契约，这些人本不应该提供此类军役或支付费用。但是，此类议题被圆滑轻巧地放弃了（可能是迫于时间压力，或者谈判人员争执不下），理念只剩下骨架，没有了血肉。国王承诺“英格兰人交予我作为和平抵押或忠君担保的一切人质和特许状，我将立即归还”（第49条），并指名道姓地驱逐某些人，以及“一切外国出生的骑士、弓弩手及其随从，以及……雇佣兵”，不过却没有提及何时或以何种方式推行相关流程。

在另一些方面，约翰王口是心非的做派几乎跃然“羊皮纸”上：国王承诺恢复那些遭遇不公对待者的“土地、城堡、特许权或权利”（第52条），无论是在英格兰还是在威尔士（第56条），然而一旦出现可追溯之亨利二世或理查一世统治时期（第53条、第57条）的争议或臣民提起的申诉，那么在约翰参加圣战期间，相关事宜将缓期处理。然而我们不得不怀疑，约翰的意图究竟是不是真的要离开英格兰去惩戒异教徒，而不是去折磨自己的臣民。无论如何，这名国王在1215年3月拿起的圣战十字既让他承担了某种义务，也为他提供了某种保护。有了这样一个护身符，他就可以极尽闪展腾挪之能事。

约翰这种言行不一的本性显然并未逃过参与制定《大宪章》的这些人的眼睛，而且正因如此，这份协议中才加入了最重要的一项条款。那些将《大宪章》认定为西方民主之基石的人通常会把大量注意力倾注在第39条和第40条，但第61条也同样重要，因为1215年，人们正式试图通过这一“保障”条款，让约翰遵守自己在这份特许状中许下的承诺。显而易见的是，尽管人们花了不少力气让约翰来到兰尼米德，劝说他授予或准许该特许状，并将特许状在全国各地公示，但如果约翰决定违背承诺，按照自己喜欢的方式，颐指气使、敲诈无度、残酷暴虐地当他的国王，那么一切努力就都付诸东流了。

为防国王食言而肥，保障条款设立了一项在当时看来似乎相当合理的机制。如果约翰“违反和平协议、违反本安全保障的任何一条”，依照该特许状的条款，一个经特别程序（见附录3）推举出来的25名男爵组成的专门小组就有权“羁押我并以任何可能的方式让我遭受损失，包括占领我的城堡、土地，拿走我的财产或任何其他物品，但不得伤害我、王后以及我子女之人身”。如果国王故态复萌，就会被自己的臣民刀兵相向。一言以蔽之，《大宪章》授予诸男爵发动内战之权。

然而《大宪章》最核心的矛盾也正在于此。诸男爵首次试图在英格兰历史上创立一项机制，一旦国王的权威遭滥用，就让王国这个共同体凌驾于国王权威之上。这大概是这些男爵后世的历代反叛者所追求的目标。但就如他们所发现的那样，这绝非轻易之事。1215年，一份原本要用作和平条约的文件最终成了战火重燃的批准文书。实际上甚至可以说，《大宪章》不是减小而是增大了战争爆发的可能性，因为其中明文规定的执行机制将引发男爵们的大规模反叛，而《大宪章》的本意是要阻止此类反叛。这种情形怎么可能带来和平呢？就在诸男爵于6月19日重新表示效忠之时，他们心里可能也不清楚这项协议是否真能发挥作用，以及如何发挥作用。

尽管如此，这样一个事实仍然成立：约翰被迫来到兰尼米德发布了一项声明，人们以前从未要求约翰的任何前任国王——前任国王也从未主动——发布过篇幅更长、涵盖内容更广泛的堪称英格兰法律或习惯的东西。《大宪章》将详尽的法律程序与立意宏远的宣示（有关国王与教会的关系，以及国王与臣民的关系）结合起来。如果说《大宪章》所有条款的背后有什么共同理念，或者说有什么精神贯穿始终，那就是神学家索尔兹伯里的约翰在他的著作《论政府原理》（成书于1159年，与《大宪章》相隔近60年）当中表达过的理念。索尔兹伯里的约翰认为君主与暴君两者之间最根本的区别在于，尽管两者都制定并强制实施法律，但君主本人也要服从法律。[5]这是一项国王授予的法律，但作为这个王国中的共同体，英格兰的自由民（主要是富人）集体拥有这项法律。《大宪章》不仅要在国王和诸男爵之间建立共识，让他们知道王国现行法律（依“习惯”之定义）为何，以确立某种更具普世意义的精神，并依照这种精神来制定新法，同时还要——也许这一点最为重要——找到某种机制，借以强制国王信守承诺。

遗憾的是，正是这有关《大宪章》执行的第三个要素令它几乎立即归于失败。但在寻找约束强力君主的道路上，约翰王的敌人们开始为一个基本的宪法问题寻求答案，而这个问题在中世纪还会反复出现，令英格兰不断反思。

# 9

* * * * * *

# 战争与入侵，1215—1216年

尽管1215年《大宪章》高瞻远瞩，言辞动人，但它仍是个失败品。它未能令和平得以维系，未能让国王遵守法律条文，未能让国王遵从任何立意宏大的治理原则，也未能让约翰与北人达成和解。颁布之后没几周，教宗就宣布《大宪章》无效，不久之后，英格兰就被一场内战吞没，人们不由得又回想起“无政府”时期暗无天日的岁月。因此，从当时的政治效应来说，《大宪章》是一场大失败。然而最终，它的地位扶摇直上，成为中世纪以及英格兰八百年历史当中最受尊崇的文献之一。但在1215年秋季，可能不会有几个人愿意押注这一结果。

如果说约翰曾动过那么一点点想要遵守《大宪章》的条款（当然这一点也远不能确定）的念头，那么到了7月，他就已经把这个念头完全抛诸脑后了，当时他致函教宗英诺森三世，请求教宗宣布《大宪章》无效。约翰声称该特许状的条款是他受到逼迫，不得已才同意的，因而不具备约束力。教宗作为约翰的领主以及圣战事业的赞助人，也乐得顺水推舟。1215年9月，教宗的信函送达英格兰，对于自己的封臣竟然遭受臣民如此对待，英诺森在信中表达了强烈的愤慨，并准许约翰不必遵守该特许状之条款。信的一开头，教宗英诺森三世就大发雷霆：

基督之爱子约翰，乃英格兰人之明主，尽管其人曾严重冒犯神及教会……该国王最终重回正途……然而永远憎恶善行的人类之敌（撒旦）却以诡计煽动英格兰诸男爵举兵反叛，某些人在其

伤害教会时对其给予支持，在其回归正途后又行反叛之事，真可谓用心邪恶，侍神不专……[1]

教宗指控男爵们推翻了效忠誓言，“身为封臣而背弃领主，身为骑士而背弃国王……竟尔敢于向其开战，强占其领土、荼毒其人民，甚至占据伦敦城，此城乃因背信弃义之举交到他们手中”。在教宗笔下，男爵们被指不讲道理、背信弃义、寻衅好斗，他们的表现毫无廉耻，“令国王之权益受损，令英格兰国民蒙羞，严重危及圣战的全盘计划”。教宗在信件的最后认定，教宗本人“完全拒绝且谴责这一安排（指《大宪章》），并且命令该国王不得遵行，诸男爵及同党亦不得要求国王遵行，否则将遭绝罚之惩处”。这样一来，《大宪章》即告“永远丧失一切效力”。九名男爵和伦敦所有公民都被逐出教门，永不赦免。

这当然并非善意之举。结果，内战战火重燃。事到如今，很多英格兰男爵已经不再相信约翰有改弦更张的可能了，也不再相信他能够被驯服，或是以某种方式予以制约。毫无疑问，约翰的行为也反映出，此人绝无懂得忏悔的灵魂：他开始威胁大主教兰顿（兰顿据有并拒绝交出罗切斯特城堡，导致该城堡遭到围攻），而且从9月17日开始，他开始以武力罚没男爵们的田产。于是，约翰的对头们再次开始抵制他的统治。王室官员不是被置之不理，就是被男爵们安排的自己人取而代之。所有欠王室的钱都被扣发。

不仅如此，废黜国王另立新君这一偷天换日的计划已经付诸实施。男爵们致信腓力·奥古斯都27岁的儿子“雄狮”路易，邀请他前往英格兰，参加战争并将王冠据为己有。拥有后见之明的彭布罗克伯爵威廉·马歇尔对此评价道：“实乃愚蠢。”[2]但并非所有人都同意他这个观点。自忏悔者爱德华以降，英格兰的王冠曾四次被武力夺走，而夺走王冠的君主在血缘以及世俗看法上基本都是法兰西贵族。*在很多贵族看来，在1153—1154年支持年轻的亨利·金雀花，与在1215—1216年支持卡佩家族的路易似乎没什么太大差异，即使亨利二世拥有亨利一世的外孙这个身份。

由于面临巨大压力，约翰对英国的控制开始出现动摇。路易并非唯一收到入侵邀请的君主，北英格兰诸男爵邀请了苏格兰国王亚历山大二世来接管诺森伯兰、威斯特摩兰和坎伯兰。在威尔士，卢埃林·埃普·艾奥沃斯则大肆纵兵劫掠，占领英格兰人据守的城堡，并且自立为“君主”。到了12月，伦敦市内已经出现了一支由法兰西骑士组成的先遣队，如今约翰的对手是三名君主、一大群心怀怨愤的英格兰贵族以及时间——之后的形势发展将证明这一点。

大多数问题都源自北方，因此约翰首先来到这里，带领军队向一直处于围困之中的边境小镇贝里克进发。1216年刚过，他就占领了这个小镇，然后大肆纵火焚烧。据怀有偏见但消息灵通的

* 这些情形包括：1066年威廉征服英格兰；1100年亨利一世对兄长罗贝尔·柯索斯发动闪电政变；1135年斯蒂芬夺取王冠，“无政府”时期开启；1154年亨利二世通过协议继承王位，而这个王位是其一年之前以武力方式夺取的。

编年史家文多弗的罗杰的说法，约翰在北方的战役经过了精心策划，目的是要最大限度地制造恐怖，给臣民们一点儿颜色看看，让他们知道尽管当前的形势难以为继，他仍然是他们的国王。约翰接连烧毁村庄和房屋，还或多或少纵容手下的雇佣兵奸淫掳掠。而且按照约翰一贯爱财如命的本性，他还迫使人们花钱赎买自己以及家人的自由，否则他们就会沦为这架杀人机器的牺牲品。编年史家考文垂的沃尔特说，他“随时准备武力相向”。[3]

在一次对苏格兰人的作战胜利后，约翰将兵锋转向英格兰东南部。几个月来的纵兵劫掠所获颇丰。他先是横扫林肯和弗瑟林盖，然后前往东安格利亚，南下到埃塞克斯，然后向西直奔牛津。一路上，所有抵抗势力全都瓦解冰消，各城堡望风而降。到了1216年3月，就连尤斯塔斯·德·韦希这样立场坚定的北人也开始考虑要不要再次与约翰谈和。但和平并未到来。4月，人们听到来自法兰西的风言风语，路易好像要从加莱扬帆起航。约翰在肯特海岸加强工事，并在情急之下派一支舰队渡过英吉利海峡，试图将路易封锁在港口，但未能如愿。不仅如此，这名法兰西君主还在1216年5月底登陆英格兰，军队穿过肯特郡，6月2日在伦敦受到热烈欢迎。他承诺恢复英格兰古已有之的法律，并秉公治理。

己方人员大量叛逃令约翰受到重创。新教宗使节瓜拉·比基耶里已经抵达英格兰，为约翰的事业保驾护航。但几位以前忠于约翰的男爵——包括约翰同父异母的弟弟、索尔兹伯里伯爵威廉·朗格斯佩——并未因此回心转意。夏天过后，路易的军队再次将约翰逐出东南部。在北方，苏格兰人又大规模集结，越过边境。为国王据守的城堡坚壁清野，长时间忍受围城战。整个国家分裂成两部分，各自拥护自己的国王。旷日持久的消耗战——与“无政府”时期原因或许不同，但性质基本类似——似乎已如箭在弦。

然而，到了1216年10月，战争发生了意想不到（然而幸何如之）的转折。尽管初秋取得了一连串军事胜利，但约翰得知英诺森三世已经去世以后大失所望。他还收到了来自多佛的消息，那里的城堡——这是他抵抗路易攻击的重要据点——已经无力继续抵抗法兰西的进攻，即将陷落。随后，驻跸诺福克的林恩的约翰染上了极严重的痢疾。虽然他想方设法要挨过去，情形却相当不妙。10月12日，病情益趋沉重的国王挥军向北，在韦尔溪河汇入瓦士湾处渡河。他或给他提建议的人没有考虑到当地特殊的土地条件。潮水退得不够远，流沙吞没了国王大部分辎重车辆，一些马匹和士兵也丧命于流沙之中。包括约翰的加冕王冠在内的王室珠宝都装在车辆上，从此再也没有人见过。*

约翰虽然得以脱身，但如今的他既病且怒。他在林肯郡的斯温斯黑德修道院住了一晚，据称他在那里享用了不少成熟的桃子和新酿的苹果酒。如果这些东西是用来缓解痢疾的话，那么效果

* 约翰失去辎重车辆（包括王室珠宝）很快成为约翰统治终结的一副愚蠢可笑且决定性的形象。科吉舍尔的拉尔夫曾对此有过简要叙述，暗示这无非是约翰从东安格利亚到中土的行程中所经历的一次小挫折（*Stevenson,Radulphi de Coggeshall Chronicon Anglicanum*, 第183—184页）。后来，文多弗的罗杰对此亦有描述，而在他看来，这不啻一次大灾难。

则适得其反。他带着人马继续赶路，但到了10月16日，约翰陷入了极度的痛苦之中，不得不躺上担架由人抬着。10月18日，约翰到达纽瓦克，在经人劝解——虽然仍很不情愿——原谅了他的敌人之后，于10月18日傍晚撒手人寰。

约翰的遗愿是让他当时九岁的儿子亨利成为他的继承人。他的遗愿给这个男孩带来了多大的麻烦，他本人再也无从知晓。

# 10

* * * * * *

# 千秋万岁名，1215—2015年

10月28日，男孩国王亨利三世在格洛斯特修道院加冕，身边是一小群长期以来跟着他受苦的忠君之士，其中包括威廉·马歇尔和教宗使节瓜拉·比基耶里。路易的军队仍然在伦敦东南部横行，九岁的亨利能否重振他的父亲、伯父和祖父等金雀花家族君主强大的王室统治还远未可知。因此，除了继续与反叛者及入侵者作战这一急切的军事需求，现在同样至关重要的是，亨利身边的人要给他们的敌人下台阶的机会，提供一些和解的理由，也就是做个姿态，让他们相信约翰王已死（他的墓修在了伍斯特大教堂），亨利不会重蹈覆辙，这样一来，和平的最大障碍就不复存在了。寄给男爵们的信件一封接着一封，一律表示只要对方加入新国王的阵营，就提供补偿，恢复爵位。1216年11月12日，《大宪章》首次重颁。

新《大宪章》的颁布并未收到立竿见影的效果。战争拖到了1217年，双方都因此承受了更多痛苦：威廉·马歇尔的传记作者报告说，他看到100名法国人被杀，尸体横陈在温切斯特和罗姆西之间的战场上，饥饿的野狗在他们身上撕咬。[1]然而，法国人的决心和资源终于开始丧失。初春，路易离开英格兰，越过海峡到对岸处理公务，为期八周，尽管他旋即返回，但在他离开期间，叛军阵营出现了零星叛逃者。编年史家文多弗的罗杰认为对许多叛军来说，改变立场的唯一困难，是被看作变节者的耻辱。[2]

然而，尽管反对派的热情与亨利派的信心此消彼长，但几个月后战争才达到决定性时刻。1217年5月20日，林肯战役打响，威廉·马歇尔率领的一支兵强马壮、装备精良的部队突袭了这座城堡（同时也是一座城市），击溃了在那里扎营的叛军，俘虏了多名叛军领导者。对路易来说，这次战争无疑一败涂地，从此之后他的事业即告偃旗息鼓。1217年8月，休伯特·德·伯格在桑威治战役中摧毁了肯特郡海岸附近的一支法国舰队，垂头丧气的路易几乎立即讲和，他决定离开英国，但又不能太失脸面。9月20日，《兰贝斯条约》达成，和平降临，路易支付了10000马克（相当于英格兰王室岁入的四分之一）的巨额贿金才得以保留颜面，离开英格兰。路易刚一离开，经历了两年精疲力尽的内战的英格兰就开始重整政府，逐步恢复正常运转。《大宪章》重颁。这一次，《大宪章》还附带了一项新授予的特许状：《森林宪章》。

与兰尼米德的原始文本相比，1216年和1217年重新颁布的《大宪章》包含了一些重要改变。1215年文本中出现的有关外籍大臣或客卿的强烈措辞被悄然放弃，因为在亨利三世的小朝廷中，围绕在他身边的能臣有很多并非出生于英格兰。规范征发特权的条文得以重拟，而且对寡居者的权利条款以及追讨欠款（既包括欠王室的钱，也包括欠犹太放贷人的钱）的流程条款做出了相当大的改动。1217年重颁的《大宪章》引入了一项条款，命令将战争期间修建的城堡尽数夷平。新的条款对郡长开庭的频率做出了限制。调查亨利二世和理查一世统治时期滥用行为的承诺也消失不见，尽管《森林宪章》引入了大量专门涉及林地法的新法规，并且特别承诺将王室林苑的范围限制在1154年划定的范围。

而且正是在1217年，《大宪章》才获得了这个名垂千古的名称，本意就是要与《森林宪章》做出区分。

有一项事实非常能说明问题：1216年《大宪章》和1217年《大宪章》都没有“保障条款”。“如何制约一名不受控制的国王”这个问题在中世纪及以后一直存在，但在1216年和1217年这个问题被搁置了。原因之一在于，相对于和平方式而言，《大宪章》中所指出的公然开战这一方式使内战成为正当手段。更重要的是，仅仅两年之后，《大宪章》的目的就发生了变化。虽然两次重颁都在内战的炮声中进行，但《大宪章》已经不是国王的敌人强加于他的和平条约。《大宪章》成为保王党的一项提议，目的是要自愿表明新政权致力于按照整个王国一致同意的原则进行治理。《大宪章》从此摇身一变，由妥协的文本转换为诚信履约的保证。在书记人员誊抄并分发到英格兰各郡，且在郡长的法庭上大声宣读之后，这份特许状有了全新目的。

事情并没有到此为止。在亨利统治的其余时间里——实际上，在13世纪的剩余时间里都是如此——《大宪章》将在政治不稳定或危机时刻被重新确认、颁布。1225年，亨利三世年满18岁，另一个修改后的宪章版本发表。根据序言，该宪章也是出于御准——“以我自发之善意”。[3]这种说法不太诚实。正如1225年版《大宪章》第37条所述，重新颁布《大宪章》实际上是政治交易的内容之一。国王承诺遵守并维护王国的风俗习惯，作为回报，“我王国内所有动产的十五分之一都将交予我”。换句话说，国王让渡了权力，换回了税收。这将成为一种经久不衰的做法。在13和14世纪，英国宪法将以这一原则——国王只有在同意革新政治的情况下——为基础，才能行使其向臣民征税的权力。正是在1225年版的《大宪章》当中，这个观点第一次得到了明确阐述。

随之而来的是更多次重颁。1237年1月，这两份宪章再次得以确认，明确其具有约束力，并且永久生效，同时还受到第三份“小宪章”的保护，小宪章的见证人包括一些曾在1215年出现在兰尼米德的人士。一项税收再一次得到加征授权。到这时候，有关《大宪章》的神话已经开始流传。这份特许状每次修订并重颁之后都会被广泛传阅。在司法案件中，《大宪章》屡屡得到引用，男爵们开始向自己的佃农颁布自由宪章，无论是内容还是形式，显然都以《大宪章》为蓝本，而且这份特许状明确享有教会的保护。英格兰教区的教会用标准的本地语朗读《大宪章》。1225年和1237年重新颁布的《大宪章》中规定，如未遵守《大宪章》，将处以绝罚；1253年5月13日，威斯敏斯特大教堂对宪章予以确认，在仪式过程中，坎特伯雷大主教和13名主教批准了类似条款，规定将那些无视《大宪章》条文的人逐出教会（被召集来“见证”这一仪式的圣徒包括忏悔者爱德华和托马斯·贝克特，他们都曾在反对约翰和他的金雀花王族亲戚的历史上起到过一定作用）。当这一条文通过时，所有主教都扔掉手中点燃的蜡烛同声宣布：“所有反对这一条文的人都将如是灭亡，并在地狱中腐臭。”国王承诺捍卫《大宪章》的所有条款，并且宣布，作为一个人、基督徒、骑士和受膏的国王，这是他的职责所在。

在约翰在兰尼米德颁布宪章、英格兰陷入内战、国王去世后的一个世纪里，《大宪章》的抄本可能超过了一千份，而且各抄本之间存在差异。如今仍然存世的中世纪抄本有100多份，其中既包括1215年用于官方展示（在伦敦、索尔兹伯里和林肯举行的展示）的《大宪章》，也包括保存在修道院和档案馆的私人抄本。在私人抄本中有一份书写非常雍容、雅致，是多塞特的塞恩修道院保存众多抄本中的一份，该抄本的内容是1217年《大宪章》和1225年《大宪章》的结合，《森林宪章》被直接抄录在《大宪章》之后，就像它是《大宪章》原本就有的一部分。[4]这些抄本的重要性不仅体现在古文物研究方面。《大宪章》的重要意义明确且反复被阐述。尽管随着时间推移，有些条款已经变得不那么重要，有些条款已经过时，但将《大宪章》作为谈判筹码这一理念本身仍有重要价值，特别是在税收方面。

1242年，在一次议会上（在英格兰历史上有记录可查的最早几次议会之一），亨利三世要对法兰西发动军事远征，请求王国提供财政支持被拒绝了，理由是以前缴的税没有带来良好的治理，“因为在授予三十税一法（他所要求的税收）之后，该国王从来没有遵守过他所颁布的自由宪章，而且从那时起他还变本加厉地压迫（他的臣民）”。[5]13世纪50年代和60年代，当亨利和他的长子爱德华发现自己已经陷入对莱斯特伯爵西蒙·德·孟福尔的长期战争，《大宪章》再一次成为政治角力的核心。1265年上半年，德·孟福尔的权势如日中天，他不仅迫使亨利和爱德华发誓遵守他前一年亲手设定的宪法原则，还要求国王再次确认《大宪章》和《森林宪章》。从某种意义上来说，这让《大宪章》恢复了最初的功能——英格兰政坛激进叛乱派系以武力相威胁要求国王做出让步的武器。德·孟福尔坚持在1265年要求国王重新确认这两份宪章，这一行动本身足以表明，对那些寻求在英格兰治国理政史上留下印记的人来说，仅是《大宪章》这个名字就已具有相当重大的象征意义。德·孟福尔寻求的是正当性。当他祭起《大宪章》这个法宝之后，正当性就已成囊中之物了。[6]

亨利三世在位期间，平均每五年就确认或重新颁布一次《大宪章》，久而久之，除了拉丁语（《大宪章》最初就是以拉丁语写就的），《大宪章》还以法语、英语等语种传播开来。《大宪章》在诺曼底广为人知，并成为当地通过谈判达成的自由宪章的蓝本。等到亨利1272年去世的时候，《大宪章》已经成为一种政治共识，就算它的具体细节没有给人留下深刻印象，其重要意义已经在所有识字的英格兰各阶层人士中深入人心。不过，最后一版——某种意义上而言的定版——《大宪章》并不是在亨利三世在位期间面世的，而是在爱德华一世在位期间（1272—1307年）出现的。

大体而言，这位身材高大、容貌威严、嗜战成性的国王的统治要比他的父亲与祖父更为成功，但他在位期间也常常遭遇危机。最严重的危机发生在1297年，当时男爵与主教结成联盟，抵制爱德华发动的征服之战（在威尔士和苏格兰）以及抵御之战（在加斯科涅），他们群起反对爱德华的铁腕统治和需索无度的财物要求。双方经过激烈争论最终达成妥协，其中就包括1297年10月10日的《宪章确认状》，《大宪章》和《森林宪章》由此再度重颁，同时还附加了良好治理的其他让步和保证。不过，让步也好，保证也罢，这名国王和他的后代统统没有遵行。事实上，《大宪章》的历史基本就是诸国王不断违背其各项条款的历史。尽管如此，到了13世纪末，这项历经了80年零几个星期的和平条约在很多方面已经成为整个英格兰法律和治理体系的基石。

1300年，爱德华最后一次重颁了《大宪章》和《森林宪章》。在他之后的多名中世纪国王又多次确认了宪章条款，但《大宪章》再也不曾像1215年6月首次面世时那样正式抄录并分发。然而，在议会请愿书和私法立法中，《大宪章》曾数十次被引用。此外，它还为爱德华二世统治期间（1307—1327年）和理查二世统治期间（1377—1399年）兴起的男爵反对派运动提供了一个模板，这两次运动都试图以起草限制国王行为的法令和契约的方式约束王权，都试图迫使国王与主要臣民合作治理王国。然而随着时间的流逝，《大宪章》在司法方面的重要性不可避免地衰落了，但它的影响力以及它的传奇却并未磨灭。

* * *

到了16世纪，《大宪章》已经成为司法史上的古董。议会仍然会偶尔用到它：例如，1497年亨利七世召开的一次议会通过了一项法案，旨在“防止涉及度量衡的多种欺诈手段，此类手段在王国内已经行之有年，与《大宪章》及其他律令相悖”。[7]由于印刷机的出现，《大宪章》又在普罗大众的记忆中得以保存：第一版是在1508年由理查德·平森印行的，从此之后，《大宪章》就开始出现在各种司法手册和法规汇编中的显著位置，这无疑强化了人们的一种观点，认为它是英格兰的原初法律。[8]但几乎可以说，《大宪章》再也没有像在13世纪一样主导宪法议题，也许其中一个重要原因在于，其主要内容已经与当时的政治气氛相扞格。约翰王1214年向教宗称臣，以及《大宪章》中明确表示保护英格兰教会的内容，在都铎王朝已经不受欢迎——16世纪30年代的《议会法案》确立了都铎王朝的至上地位。莎士比亚写作历史剧《约翰王》（*King John*）大概在16世纪90年代中期，但剧中并没有提到什么特许状，显然那些爱看戏的伦敦公众头脑中，已经没有它的一席之地了。在一个多世纪的时间里，《大宪章》遭到冷遇，甚至可以说已经被遗忘。

直到17世纪，《大宪章》才真正在英格兰和其他地方重新成为众人瞩目的目标。因为在这个世纪，王室与臣民之间的基本关系再一次受到广泛而严格的审视。首先，查理一世统治时期爆发内战，一个重要原因在于国王决心以专断、不受限制的方式实行专制统治，复兴废弃已久的某些封建君主制度，并让自己的意志凌驾于英格兰法律及习惯之上。查理的对手在历史上寻找先例，并援引先例表明自己反对僭主政治——他们偶然发现了《大宪章》，对他们来说，这是一个看上去毫无瑕疵的先例，表明几个世纪之前失去控制的国王如何被迫循规蹈矩。这样一来，在斯图亚特王朝统治时期，原本用来限制金雀花王朝的这份重要的特许状得到了重生。人们满心欢喜地将《大宪章》从背景中剥离出来，将它当作用来证明查理一世背叛了自己人民和整个英格兰历史的“本源”宪法原则。

此时，身为律师的爱德华·科克爵士成为《大宪章》最热烈的拥护者，自詹姆斯一世时代以来，他就一直相信这份古老条约大有裨益，能够抵御斯图亚特王朝的僭主政治，他还相信在整个英格兰历史中，《大宪章》也具有举足轻重、图腾般的地位。1619年，他谴责王室政府滥用权力，理由就是他们违反了《大宪章》的条款，他曾经在众议院发表演说，称《大宪章》之所以享有盛名，“原因不在于大，而在于重”。[9]他坚守这样一个理念：未经臣民同意国王无权向臣民征税，他认为，这一信念的历史依据就在于历史上使得《大宪章》得以出现的那些斗争。[10]1628年，科克起草了《权利请愿书》，并且在议会两院获得通过，尽管查理一世数次试图强行征税，并任意囚禁与他为敌的人。请愿书的意图非常明确，就是要让查理服从某些特定的治理原则，就像1215年的约翰被诸男爵所约束的那样。从此之后，在查理在位期间，《大宪章》还曾在其他动荡时刻或危急关头被引用，包括对王室盟友斯特拉福德伯爵（1641年）和劳德大主教（1645年）的审判。*

在这些年的混乱和内战过程中，《大宪章》或《大宪章》这一理念的复兴又强化了这份文件的神话色彩，由此带来的一个结果是，它开始在英国宪法叙事中占据一个备受尊崇的位置。17世纪之后，英格兰王国开始出现一种英国自由的历史按部就班发展的言论，这个历史（后来被称为“辉格史观”）肇始于约翰王，地点在兰尼米德，而最高峰则是1689年《权利法案》的通过。我们应当承认，当时的人们有理由相信情形的确如此。《权利法案》不仅大体上以《大宪章》为模板，而且显而易见的是，《权利法案》产生的年代与13世纪初期的情形非常相似。1215年，英格兰的反叛者争取到了一份权利宪章，并曾试图扶助一名外国君主取代僭主登上王位。1688—1689年，英格兰反叛者也丝毫不差地做到了这些事，尽管事件发生的顺序有所不同：先是将信奉天主教的詹姆斯二世赶出王国，然后邀请詹姆斯的女婿、信奉新教的奥兰治的威廉接替他，然后争取到了一份有关英格兰法律和习惯的内容广泛的声明，这份声明将受到后世景仰。

然而，《大宪章》不仅对英格兰的宪法发展产生了深远影响。它对17世纪产生重大影响的第二条途径是，它被接纳为新世界新生宪法体制的基础。创始宪章的原则被首批英格兰殖民者带到了

---

* 这样的比较并非毫无道理。从很多方面而言，查理一世的行为与约翰无异，也像约翰一样自食其果。他任性、固执又刚愎自用。他的劣迹，简直不可胜数，与诸位前任相比不遑多让。最终，他在一场可以说是自己挑起的站在人民对立面的战争中死亡。从这个意义上说，《大宪章》在查理在位期间的复兴乃题中应有之意。

大西洋的另一侧，在那里，从马萨诸塞州到佐治亚，东海岸上下的定居者社群从头开始建立了自己的政府，他们认为他们建立政府的理念——追随科克的脚步——就源自《大宪章》。殖民者认为自己是英格兰的自由民，而自由民的权利也应该与留在英格兰的人士一样，受到同样程度的保护。

18世纪，这种态度实际上成了一件具有重要意义的事情，重要到令世界发生改变。未经同意不得征税；未经正当程序不得实施监禁。在北美殖民地摆脱英国统治之际，这些都是宣布独立并达成独立背后的基础议题。《大宪章》早在1687年就已在殖民地出版，不到一个世纪后，随着革命席卷北美，人们再次向《大宪章》寻求灵感。1774年10月，十三个对英国治理感到不满的殖民地代表举行了第一次大陆会议，他们明确表示，他们聚在一起表达不满是正当行为，他们声称这些殖民地的做法无非是“英格兰人以及他们的祖先在类似情境下通常做过的事”。[11]

赢得独立之后，新成立的美利坚合众国心心念念想要实现宪法治埋，此时《大宪章》再次成为典范。1791年批准的《美国权利法案》——包含了詹姆斯·麦迪逊旨在限制国家对公民所拥有权力的宪法修正案清单中的前十项——在多处与《大宪章》遥相呼应。《第五修正案》规定，“不经正当法律程序，不得被剥夺生命、自由或财产；不给予公平赔偿，私有财产不得充作公用”。将其前半部分与1215年《大宪章》的第39条进行比较：“任何自由人将不受逮捕、监禁、没收财产、剥夺法律保护流放，或以其他任何方式受到伤害，我亦不会对其施加暴力或派人对其施加暴力，除非通过其平等人士的合法裁决或通过英格兰法裁决。”然后将后半部分与第30条进行比较：“我的任何郡长、乡长或其他人员未获自由人同意，不得征用其马匹或车辆作为运输工具。”何其相似乃尔。美国宪法《第六修正案》也是如此：“在一切刑事诉讼中，被告有权由犯罪行为发生地的州和地区的公正陪审团予以迅速和公开的审判。”对比来看，这不就是对1215年《大宪章》第40条——“不会向任何人出卖权利或正义，也不会拒绝或拖延任何人的权利或正义”——的重新表述吗？自美国存在的最初几年起，美国公民就以近乎科克式的热情来看待《大宪章》，这一点应该不会让人感到意外，1957年，由美国律师协会出资在兰尼米德竖立了唯一一座永久性《大宪章》纪念碑。

因此到了19世纪，《大宪章》已经在西方政治思想中享有崇高地位，在世人眼中，这是一份对现代自由思想具有重大意义和重要影响的文件。自那以后，它一直被奉若神明，且从未变过，不仅如此，其中某些内容还嵌入了与大英帝国存在关联的某些国家的宪法之中，既包括加拿大，也包括澳大利亚（在澳大利亚，一份1297年版《大宪章》展示在堪培拉的议会大厦中）和新西兰。初始版本的《大宪章》价格非常高，而且极为珍贵：第二次世界大战期间，1215年的林肯版《大宪章》被放在诺克斯堡以确保安全；2007年12月，一份1297年版《大宪章》（盖有爱德华一世的印玺）在纽约拍卖，落槌价高达2130万美元，让人大跌眼镜。

诚然，《大宪章》的绝大部分条款及其产生的历史背景早已失去其政治或法律上的重要意义，或已被较新近的立法所取代。当然，那些对1215年反抗约翰王的英国男爵而言最重要的条款，与21世纪的生活根本没有任何关系。我们不再关心封建税、森林法或征收代役金的细节；在英格兰和苏格兰的法律中，甚至那些关于生命和自由的立意宏远、笼而统之的措辞也被《欧洲人权法案》这些更新近的立法所取代。

尽管如此，宪章中少数最意义深远的措辞仍在继续发挥影响。在审视《欧洲人权法案》或联合国的《世界人权宣言》时，我们仍然可以看到，《大宪章》的语言如何继续为保护我们基本权益的法律提供借鉴，这种感觉相当不可思议。以下是《欧洲人权法案》第5条的内容："除非依照法律规定的程序，不得剥夺任何人的自由……"以下是《世界人权宣言》（该文件孕育之初，积极拥护这一宣言的埃莉诺·罗斯福就将它称为"面向世界各地所有人的国际《大宪章》"）第9条的内容："任何人不得加以任意逮捕、拘禁或放逐。"我们再次看到，这些说法仍然是对1215年著名的《大宪章》第39条的回应。如果有人认为1215年6月站在兰尼米德的那些人已经想到，经过他们充分讨论制定的文本800年后会被用于捍卫全世界各个角落最贫穷、最寒微的人的权益，这种想法会被认为是匪夷所思的。但事情的结果竟然真的演变成了这样，的确非常不可思议。

* * *

有关《大宪章》最吊诡的一种情形是，这份文件的大部分文字对现代生活的重要性越小，它的名声也就越大。如今，《大宪章》已经被用作各种对自由、权利和民主（严重误用）的渴望的代名词。1964年，纳尔逊·曼德拉在瑞弗尼亚审判中为自己致力于实现民主的理想辩护，他在法庭上说："《大宪章》《权利请愿书》和《权利法案》受到了全世界民主人士的尊崇。"[12]曼德拉的事业无疑是崇高的，但《大宪章》与民主之间的关联几乎都是人们强行赋予的，完全是牵强附会。《大宪章》当中没有任何一条提到或者有意要宣扬我们今天能够称为"民主"的理念；事实上，对那些在1215年群起反抗约翰王的富有的、形成了寡头团体且基本而言仅在意自身利益的男爵来说，民主这种理念相当陌生，甚至很有可能非常具有冒犯意味。

即便如此，世界各地的人们仍然继续崇拜《大宪章》，并把它当作西方自由民主政治的奠基文本，但并不总能取得令人信服的效果。例如，2014年英国首相戴维·卡梅伦在一次演讲中承诺，要让英国每个学童都学习《大宪章》，并表示"宪章仍然存世的抄本虽然已经褪色，但其原则一如既往地闪耀着光芒，这些原则为造就英国的民主、平等、尊重和法律铺平了道路"。[13]事实上，真相与此恰恰相反：《大宪章》诸多仍然存世的抄本目前品相良好，而其中大多数原则如今却已经过时，而这些条款丝毫也未涉及民主、平等和尊重。*但这种政治滥调司空见惯，映照出过去800年间发展形成的《大宪章》神话。这种神话有时候能产生巨大的政治效力：2008年，《大宪章》中“未经审判不得拘禁”的古老宣言起了重要作用，帮助击败了工党政府的《反恐法案》（该法案寻求将提起指控前的羁押期限从28天延长至42天）。而在某些情况下，利用《大宪章》的方式也让人有些摸不着头脑。

在“自由民主”或“反暴政”等普遍理想这样的主题之外引用《大宪章》时，造成的混淆往往是最严重的。现在经常有人呼吁制定“网络大宪章”，以挑战官方（往往是隐秘的）对在线通信的检视和监控，以及挑战不断崛起的超国家组织——谷歌、Facebook、苹果等——的霸权，因为在这些人看了，此类组织正在对私密数据、信息自由和个人声誉施加新的、不受制约的控制。[14]近年来，有人呼吁为残障人士、医疗银行业务、美国煤矿工人和菲律宾呼叫中心工人制定《大宪章》。[15]最让人忍俊不禁的是，2013年《大宪章》甚至打入了主流流行文化，知名歌手Jay-Z出版的一张嘻哈专辑的名字就叫《大宪章圣杯》（*Magna Carta Holy Grail*），在发行后的几个月里，这张专辑在美国售出了逾200万张。而“大宪章圣杯”这几个字到底是什么意思，人们却不甚了了，也许这名艺人想要改写音乐行业的商业活动规则吧。不过抛开这种从庄严到戏谑的落差我们就会发现，“大宪章”这一词语在世界各地竟然如此流行，其

---

* 戴维·卡梅伦其实原本可以效仿他的前任温斯顿·丘吉尔。丘吉尔曾经写道：《大宪章》是政治治理原则和体系的基础，这种情形是约翰国王或他麾下贵族做梦都没想到的。

显而易见的严肃性竟能与美国主流流行音乐界装腔作势、空喊口号的风气彼此相融，岂不是很不同寻常吗？

岁月递嬗，如今已经到了21世纪。在本世纪的第二个十年，伴随着喧嚣而热烈的讨论，这项协议迎来了800周年纪念日。这份特许状源自两代人对12世纪末和13世纪初金雀花王朝统治初期暴行的反抗；这份特许状及书写特许状的那张羊皮纸，为英格兰诸国王与麾下贵族之间近100年的政治冲突设定了主题，并在日后的年月里进入神话、传说领域，在形形色色的民众挑战权威、裁抑权威的运动中，《大宪章》的名字经常会被提起，为运动提供支援。

时光流转，《大宪章》无疑将继续与各种或崇高或荒谬的事业关联在一起。然而，有一件事是确定的：这份历尽艰难才得以诞生的特许状在现世的名声与以往任何时候一样不朽，其象征意义与以往任何时候一样重大。《大宪章》如此尊崇的地位不仅堪称空前，也很有可能绝后。当然，对那些1215年6月站在兰尼米德并敲定了一份不甚令人满意的和平条约的人来说，这种始料未及的情形无疑相当令人错愕，然而这却是对他们所进行斗争的一种恰如其分的认可。

* * * * * *

# 附录 1

《大宪章》文本，1215 年

受命于上帝的英格兰王兼爱尔兰领主、诺曼底公爵、阿基坦公爵和安茹伯爵约翰，谨向其大主教、主教、修道院院长、伯爵、男爵、法官、林官、郡长、总管、家臣以及所有执行官和忠实臣民致以问候。上帝在上，为拯救约翰的灵魂及约翰所有先祖、子嗣的灵魂，为维护上帝的荣耀，为提升神圣教会的地位并更好地治理他的国家，遵照约翰所敬重的诸位神父的建议，包括：

坎特伯雷大主教、全英格兰首席主教暨神圣罗马教会枢机主教斯蒂芬；

都柏林大主教亨利；

伦敦主教威廉；

温切斯特主教彼得；

巴斯与格拉斯顿伯里主教乔斯林；

林肯主教休；

伍斯特主教沃尔特；

考文垂主教威廉；

罗切斯特主教本讷迪克特；

副助祭暨教宗家室成员潘道尔夫先生；

英格兰圣殿骑士团团长艾伊莫瑞克教兄；

以及尊贵的彭布儒克伯爵暨兵马元帅威廉；

索尔兹伯里伯爵威廉；

瓦伦伯爵威廉；

阿伦德尔伯爵威廉；

苏格兰治安官，加洛韦的艾伦；

沃林·菲茨杰拉德；

彼得·菲茨赫伯特；

普瓦图大总管休伯特·德·伯格；

休·德·奈维尔；

马修·菲茨赫伯特；

托马斯·巴塞特；

艾伦·巴塞特；

菲利普·道比尼；

罗伯特·德·若普尔；

约翰·马歇尔；

约翰·菲茨休；

以及其他忠实臣民的建议，特诏告全国：

1

首先，我已向上帝承诺并借此特许状代表我和我的世代子孙确认，保证英格兰教会永远自主，其权利将完整无缺、其自主权将不受侵犯。有以下事实证明我这一意愿：早在我与众多男爵之间发生这场争端之前，我已心甘情愿地允准——并借由我所颁布的特许状确认——英格兰教会有自主选举权，该权利被英格兰教会视为最必要、最重要的权利，并且我已让该特许状获得了教宗英诺森三世的确认；我会尊重并希望我的世代子孙永远诚心尊重该自主权。对我国所有自由人，我也代表王室与我的世代子孙，允许他们享有下文所记载的自主权，由他们及其继承人从我和我的继承人那儿获得并享有这些自主权。

2

任何从我这里直接获得王室封地的伯爵、男爵一旦亡故，或其他因服军役而亡故，且在其亡故之时其继承人已经成年并有义务缴纳续租费的，该继承人只需按原缴费标准缴纳续租费后，即可继承续租权——伯爵继承人缴纳100镑便可继承全部伯爵治所；男爵继承人缴纳100镑即可继承全部男爵治所；骑士继承人缴纳至多100先令即可继承全部骑士封地；按照原先的封地常例，应少缴的少缴。

3

然而，上述任何人的继承人如尚未成年并处于受监护状态，成年后即可享有继承权，不必缴纳替补费或契约变更费。

4

监管未成年继承人土地的，将仅从该土地收取合理数量的收成、合理数额的常例钱与合理天数的劳役，不得对人员或财物造成伤害、损毁。如果我已将该未成年人的土地监管权委托给郡长或任何向我代缴赋税者，受委托者若有损毁行为，我将责令其赔偿，并将该土地委托给同一封地的两位合法且谨慎之人监管，此二人将负责向我或我任命的人缴纳赋税。若我已将该土地之监管权赐予或售予任何人而监管者若有损毁行为，他将丧失监管权，该监管权将转给同一封地两位合法且谨慎之人，此二人将以前述相似方式对我负责。

5

监管人在享有土地监管权期间，须从该土地的收成拨出该土地相关的房屋、林园、鱼塘、壕沟、磨坊及其他附属物的修缮费用；继承人成年后，监管人须将全部土地、犁具以及各季农活所需且该土地的收成可合理负担的农具与牲畜一并归还给该继承人。

6

继承人可以结婚，但不得娶比自己地位低的人，且婚前须向继承人的直系亲属通报婚事。

7

寡妇在丈夫去世之后，应不受阻挠地获得其陪嫁与亡夫的遗产，不必为其寡妇财产、陪嫁与丈夫逝世前二人的共有财产付费。寡妇若改嫁，可在夫家居住四十天，在此期间须将其寡妇财产分配给她。

8

寡妇若情愿孀居，任何人不得逼其改嫁。寡妇若持有我的土地，改嫁前须征得我同意；寡妇若持有其他领主的土地，未经相关领主同意不改嫁。

9

只要负债人的动产足以偿债，我或我的官员将不得收任何土地或地租来偿债。只要负债人能偿债，不得对其担保人实施羁押。

若负债人因缺乏支付能力而无法偿债，其担保人须代为偿还。担保人若愿意，可扣押负债人的土地和地租，直至其所代还债务已偿还完毕。负债人若能证明所还债务已超过担保人的担保额，则不包括在内。

10

任何人向犹太人借债，不论数额大小，如果在债务偿清前死亡，无论其据有的土地属于谁，其继承人只要仍未成年，都无须支付债款利息。此类债权如归我所有，我将仅收回借据中所写明的本金而不问其他。

11

任何男子死亡时如欠犹太人之债，其妻可保有其寡妇财产，不必用来偿还债务。如亡者留下未成年子女，须根据死者田产多寡为之留出生活所需，剩余部分用于支付债务，须向其封建领主提供的劳役不变。所欠犹太人之外其他人之债务，用相同方式处理。

12

未经全国广泛协商，不得在我的国家征收任何代役金或摊派任何捐助，仅以下三种情况例外：一、用以赎回我的人身；二、用于册封我的长子为骑士；三、用于我的长女出嫁（一次）。摊派这三种捐助，数额须合理。向伦敦市摊派的捐助以相同方式处理。

13

伦敦市将享受其一切古已有之自主权及陆路与水路的免费通关权。我还同意并允准所有其他市、区、镇、港享受其一切自主权与免费通关权。

14

为就摊派捐助（上述三项捐助除外）或征收代役金一事进行全国广泛协商，我将提前至少40天向诸位大主教、主教、修道院院长、伯爵及大男爵逐一发出诏书；直接持有我的封地的，我将通过我的郡长和乡长统一发出诏书，通知他们在所定日期和地点开会，商议诏书中所载明之事。诏书发出后，不论所有被通知者是否全都到会，议事之日所议之事将根据与会者的决议执行。

15

我今后将不允许任何人向其自由人身份的佃户摊派捐助，除非是为了赎回其人身、册封其长子或出嫁其长女（一次）。用于这些目的之捐助，摊派数额须合理。

16

不得强迫持有骑士封地或其他自有地者服额外之役。

17

普通诉讼之审理地点将不随余朝廷行在之变化而变化，须在固定地点审理。

18

对新近地产剥夺案、先人遗产继承案和教堂职位捐赠案的审理*将仅在案发之郡举行。由我，或我出国时，我的首席法官†每年四次派遣两名法官前往各郡，这些法官将与各郡所推举的四名骑士并在规定日期在该郡的规定地点举行上述裁决。

19

上述评判若无法在郡法庭开庭日进行，出席当天庭审之人士中须有足够人数的骑士和自有地持有人，第二天继续进行司法裁决，具体人数视裁决事务多寡而定。

20

处理自由人所犯的小过失，罚金须与其过失程度相当；处理严重过失也应如此，但处罚程度不得重到剥夺其生计。若商人和农民被告至我的法庭，处罚商人时须允许其保留其经商手段，处罚农民时须允许其保留其农具。此类处罚未经邻里有良好声誉人士的宣誓评判，不得实施。

21

伯爵与男爵只应由同级贵族按其犯罪程度惩罚，且罚金数额须与其过失的严重程度相当。

22

将根据相同原则估算处罚神职人员的世俗财产，不考虑其神职财产的价值。

---

* “新近地产剥夺案、先人遗产继承案和教堂职位捐赠案”，这些都是常见的通过文秘署令状开启的司法程序，全部与不动产所有权有关。

† “首席法官”是负责法律和政治事务的主要王室臣仆，基本相当于一名主要部长，有时是摄政者。

23

不得强迫任何市镇与个人修造渡河桥梁，自古以来负有筑桥义务的，不在该限制内。

24

我所有的郡长、骑将、护冕官或其他官员，均不得受理应由我的法官受理的法律诉讼。

25

各郡、乡、镇、区*的地租将保持在以往水平，不得增加，我自有的庄园除外。

26

若有人死亡，而这人原有属于我们的世俗封建地，郡长或乡长如出示我的公函传票，表明死者所欠我的债务，即可在享有法权人士监督下，合法抄没并登记死者世俗封地动产，所抄没财物的价值须与所欠债务的价值相抵。任何人不得在债务偿清之前从封地上取走任何财物。债务偿清后，剩余财物留待遗嘱执行人按死者遗嘱处理。若死者不欠我任何债务，除酌情留给死者妻子与子女的部分以外，所有动产将被视为死者的财产。

27

自由人若未立遗嘱而死亡，在扣除死者所欠的所有债务后，在教会监督下，其动产可由其最近亲属与朋友分配。

---

* “乡、镇、区”是郡或者县下属行政单位，相关（英语）词汇源自盎格鲁－撒克逊时期；“地租”，指一定土地面积每年应缴的固定数额的税款。

28

任何骑将或其他官员不当即付款，除非卖方自愿允许赊账，不得拿走任何人的粮食或其他财物。

29

骑士如愿亲自执行守卫勤务，或因正当理由不能亲自执行而委托合适之人代为执行时，任何骑将均不得向之强索财物。此外，骑士服军役天数将从其站岗天数中扣除。

30

我的任何郡长、乡长或其他人员未获自由人同意，不得征用其马匹或车辆作为运输工具。

31

我或我的管家俱不得强取他人木材用于建筑城堡或其他私用，但依木材所有人之意志为之的，不在此限制内。

32

被判定犯有大过的，我扣压其土地的时间不得超过一年零一日，之后该土地将还给有关封地的领主。

33

泰晤士河、梅德韦河及英格兰全境所有鱼堰将被拆除，沿海岸所建鱼堰除外。

34

今后不向任何人就土地持有问题下达被称为责成令的敕令，以免自由人因此被剥夺在其领主法庭上受审判的权利。

35

全国各地将使用伦敦夸特作为统一单位来计量葡萄酒、麦芽酒和粮食。全国各地还将使用统一单位来计量布幅，不论色布、褐呢*或其他布料，布幅的标准宽度为2厄尔†。重量单位也将标准化。

36

今后，不得因发出死刑或截肢刑案勘验敕令而收受任何财物，应免费发出此等敕令，且不得拒绝。

37

若任何人以固定费、田役或城区费‡的方式从我这儿获得土地，并因服军役而从另一领主处获得土地，只要他缴纳固定费、服田役或缴纳城区费，我便不再要求对其子嗣实施监护；除非固定费缴纳者欠服军役，否则我也不要求对其固定费、田役或城区费实施监管。任何人若因向我提供刀剑、弓箭之类物品而从余处获得小田产，我不会因这种田产而要求对其子嗣实施监护或对其因服军役而从其他领主处所获土地实施监管。

38

任何官员今后不得仅凭自己一句话，在没有可信证人证明其真实性的情况下对一个人进行审判。

---

* 一种红褐色家纺粗呢，农民或乡下人做衣服通常用这种布料。

† 1厄尔约等于1.15米。

‡ “固定费、田役或城区费”是封建土地占有（占有土地者须向国王承诺履行军事义务）的不同形式。

39

任何自由人将不受逮捕、监禁、没收财产、剥夺法律保护、流放，或以其他任何方式受到伤害，我亦不会对其施加暴力或派人对其施加暴力，除非通过其平等人士的合法裁决或通过英格兰法裁决。

40

我不会向任何人出卖权利或正义，也不会拒绝或拖延任何人的权利或正义。

41

一切想在英格兰做买卖的商人（战时来自敌对国的商人除外）均可按古老且合法的常例安全无忧地出入英格兰，在英格兰各地暂住并旅行，不论经由水路或陆路，免交一切非法路费。战事一旦爆发，将羁押来自敌对国的商人，但不得伤害或损害其人身或货物，直至余之首席法官弄清楚我国商人在敌对国的待遇。如我方商人在对方安全无恙，对方商人在我方也将安全无恙。

42

今后，任何人只要效忠于我，都可合法地经由水路或陆路安全无忧地出入我国（战时为保护我国公共利益的短暂时期例外）；依据我国法律，被囚禁的、被剥夺法律保护的，以及来自与我交战国家的，不在此列；对商人按前一款所述办法对待。

43

任何归地（如沃灵福德、诺丁汉、布洛涅、兰开斯特之名誉治所或其他归余所有并带有男爵治所性质之封地）的持有者死后，如该归地仍在男爵手中，已故持有者的子嗣仅须向男爵而不是向我缴纳续租费并服劳役。我将以与男爵以往相同的方式保有该归地。

44

今后不得以普通传票召唤森林区以外的居民赴森林区法庭审讯。身为因触犯林苑法而遭逮捕者的保人的，或涉入一场法律诉讼的，不在此限制内。

45

由我任命为法官、骑将、郡长或乡长的，须熟知我国法律，决心认真执法。

46

建造修道院持有英格兰国王所颁特许状或者长期保有其产权的男爵，在修道院空置时有权接管，因为理当如此。

47

凡在我等即位后所划出的禁苑，及建为防御工事的河岸，皆应立即解禁。

48

对与林苑和兽苑、林官和兽官、郡长及其部属、河岸及其护岸官有关的一切邪恶惯例，即着各县由正派人士从该县推选出12名骑士，宣誓后展开调查，调查开始后40日内，邪恶惯例将彻底废除，永不恢复。但我——或当我不在英格兰时，我的首席法官——须先得到通报。

49

英格兰人交予我作为和平抵押或忠君担保的一切人质和特许状，我将立即归还。

50

我将立即撤销杰拉德·德阿泰亲属的一切职务，永不叙用，这些人包括昂基拉·德·西戈涅、彼得·德·尚索、盖伊·德·尚索、安诸·德·尚索、盖伊·德·西戈涅、杰弗瑞·德·马蒂尼及其兄弟、菲利普·马克及其兄弟、侄子杰弗瑞及这些人所有的追随者。*

51

一俟和平恢复，我将从英格兰驱逐一切外国出生的骑士、弓弩手及其随从，以及携带马匹与武器进入我国的雇佣兵，他们给我国造成了祸害。

52

对任何未经其平等人士合法裁决而被我剥夺了土地、城堡、特许权或权利的，我将立即予以恢复。须通过下面有关和平保障条款所载明的25位男爵做出的裁决，裁决有争议的案例。对未经其平等人士合法裁决而被我父王亨利或王兄理查剥夺了上述财产或权利，且这些财产或权利现为我所执掌或在我的担保下由他人

---

* 这些人是《大宪章》中指名道姓予以谴责的全部人士：外国雇佣兵队长杰拉德·德阿泰和他的亲属曾因效力于约翰而受到奖赏，在英格兰得到高官厚禄，并得宠于王室。

执掌的案件，我将缓期处理，除非在我举起十字去远征之前相关法律诉讼已经开始，或根据我的敕令已经着手对案件进行调查；所缓期限为十字军远征的通常期限。一旦我远征归来或万一放弃远征，我将立即公正处理这些案件。

53

我也将对以下情况予以缓期处理：我的父王亨利或王兄理查所圈的林苑是解禁还是保留；与他人封邑土地之监管权有关，该监管权由于第三方因服军役而从我这儿获得封地而一直归我所有；与我在他人的封地上所建修道院有关，该封地之领主声称对该修道院拥有产权。一俟我远征回国或放弃远征，我将立即公正处理与这些事项有关的申诉。

54

任何人不得因一个女人的杀人起诉而遭逮捕，除非死者是该女人的丈夫。

55

上缴给我的一切不当与非法罚款以及我所收缴获的一切不当与非法罚款，都将全部退还；如有争议，将由下列担保条款所写明的25位男爵裁决，或由这些人连同坎特伯雷大主教斯蒂芬（若他能出席）及他所愿带领的多数人的意见进行裁决。若大主教无法出席，裁决将照常进行，但如果这15位男爵中有人是案件当事人，此人对该案件的裁决权将被搁置，其余24人将另选1人作为替补，宣誓后行使对该案件的裁决权。

56

若我未经平等人士合法裁决而剥夺或没收了任何威尔士人在英格兰或威尔士的土地、特许权或其他东西，我将立即归还给他们。若在这类问题上出现争议，将由其平等人士在威尔士与英格兰交界地带进行裁决。凡属英格兰人的产业，按照英格兰法律办理；属于威尔士人的产业，按照威尔士法律办理；边区产业则依边区法律办理。威尔士方将以同样方式对待我方。

57

事关威尔士人未经其平等人士合法裁决而被本人的父王亨利或王兄理查剥夺或没收任何财产或权利，且这些财产或权利现为我所执掌或在我担保下由他人执掌的案件，我将缓期处理，除非相关法律诉讼在我举起十字去远征之前已经开始，或已经根据我的敕令着手调查案件；所缓期限为十字军远征之通常期限。一俟我远征归来或万一放弃远征，我将立即根据威尔士法律在上述地区公正处理这些案件。

58

我作为和平担保所扣押的勒威林之子、所有威尔士人质以及呈交给我的特许状，我将立即归还。

59

至于归还苏格兰王亚历山大的姐妹和人质、恢复其特权与法权，本人在这些问题上，对待他将与对待其他英格兰男爵一样，除非其父（前苏格兰王威廉）交给我的特许状表明他应得到不同

图9　约翰国王的御玺。一俟《大宪章》授予完成，由抄写员誊录的多份抄本即加盖王室印玺。

图10 （上图）约翰国王在伍斯特教堂陵墓上的雕像。

图11 （第141页图）1216年年轻的亨利三世加冕，这是一份法语手稿（约1280—1300年）中所载的一张图片。手稿出自大英图书馆科顿藏品部的“其他编年史”部分。

pres Jon regna Henry le terz sun fiz. lvi. aunz. si
fust de. ix. aunz de age quant fust
nz fust la batayle de Euesham. ou fust occys syre
ymund de Munfort. e sun fiz Henry. e syre Hugh le de
enser e muz des barons e des Cheualers de Engle
re. Puis mourust cyl Henry le Roy. e gist a Westmuste

图12　（第142页图）莱斯特伯爵西蒙·德·孟福尔，雕像位于莱斯特的干草市场纪念钟楼。13世纪，这名权势显赫的贵族在《大宪章》的演进历程中发挥了引人注目的作用。

图13　（上图）律师爱德华·科克，由吉尔伯特·杰克逊绘于1615年。在17世纪40年代内战的前几年里，科克几乎以一人之力让《大宪章》被“重新发现”。

THE PATRIOTIC AMERICAN FARMER.

J-N D-K-NS—N Esq.^r BARRISTER at LAW:

*Who with Attic Eloquence and Roman Spirit hath Asserted.*
*The Liberties of the* BRITISH *Colonies in America.*

*'Tis nobly done, to Stem Taxations Rage,*
*And raise, the thoughts of a degen'rate Age,*
*For Happiness, and Joy, from Freedom Spring,*
*But Life in Bondage, is a worthless Thing.*

*Printed for & Sold by R. Bell. Bookseller*

图14 （第144页图）约翰·迪金森（1772年），《宾夕法尼亚农民的来信》的作者，他的手肘支在一本名为Magna Charta（原图如此）的书上。美国大革命前的数年间，在积聚对英国统治的不满上，他的文字起到了重要作用。

图15 （下图）1297年《大宪章》的存世四份抄本之一，2007年美国商人大卫·鲁宾斯坦以2130万美元的价格拍得。

图16 （第146页图）美国第四任总统詹姆斯·麦迪逊在美国国会图书馆的雕像。1791年由他起草的《权利法案》在国会获得通过，《大宪章》对美国宪法的影响由此进一步加深。

JAMES MADISON
1751–1836

待遇。此事将根据其在我朝平等人士之裁决处理。

60

上述所有惯例与我所予的特权，只要事关我与我的臣民的关系，在全国都有效；只要事关我的人臣与其民众的关系，无论神职或俗职，全国所有人都须同样遵守。

61

为了上帝，为了国家进步，为了更好地消弭我与男爵们之间所出现的不和，我已允准上述一切，且愿意男爵们完全而稳固地永远享有之。为此，我给予并允准这些男爵享有下述安全保障：

男爵们将从我国推举出25个他们属意之人，这些人将尽全力维护并确保授予他们并经本宪章确认之和平与特权得到遵守。

如我及我的首席法官，我的官员或我任何臣子在任何方面侵犯任何人，或违反和平协议、违反本安全保障的任何一条，且该过失被报告给上面所说25位男爵中的4位，这些男爵可到我这儿，或当我不在国内时至首席法官那儿，宣布该过失并要求立即纠正。如果在40天内，天数从向我——或当我不在国内时向我的首席法官——宣布之日起计算，我不加纠正（或当我不在国内时我的首席法官不加纠正），上述4位男爵可将此事提交给这25位男爵中的其他男爵，这25位男爵在得到全国民众支持时，可羁押我并以任何可能的方式让我遭受损失，包括占领我的城堡、土地，拿走我的财产或任何其他物品，但不得伤害我、王后以及我子女之人身，直到他们认为过失已得到纠正。过失一经纠正，他们便须像之前那样服从我。

任何人只要愿意，都可宣誓服从上述25位男爵之命做所有上述之事，与他们一起尽其全力使我受损。我特此公开并自愿允许任何愿意这样宣誓的人宣誓，决不禁止任何人这样宣誓。本国所有自己无意宣誓跟男爵们一起羁押并损害我的，我将敦促他们进行宣誓。

25位男爵中如有人死亡、离开英格兰或出于任何其他原因无法履行其职责的，其他男爵可根据自己意愿推选另一位男爵代替他，获选者将像其他男爵一样宣誓就职。

这25位男爵若就提交他们决定的问题产生不同意见，不论这25人是全体在场还是其中一些人得到通知后不愿或无法出席会议，在场多数人意见的效力将等同于全体25人的一致意见。

上述25位男爵将宣誓忠实执行上述所有条款，并尽全力促使其他人遵守此条款。

我既不会通过自己的努力，也不会借助第三方的努力去做任何有可能取消、削弱这些让步、特权或其任何部分之事。即使出现这种事，也是非法与无效的。我任何时候都不会做这种事或通过第三方做这种事。

62

所有自这场争议开始以来所产生的我与我的僧俗臣民之间的恶意仇恨、怨恨，我都已悉数宽恕，并赦免每一个人。另外，对所有僧俗人等在本朝十六年复活节至恢复和平期间因这场争议而发生所有的以下犯上行为，凡与我相关，我已完全宽恕并全部赦免。

此外，我已命人发出公开信，证明坎特伯雷大主教斯蒂芬、都柏林大主教亨利、上述其他主教及潘道尔夫先生见证了这一安全保障与上述让步。

63

为此，我愿意坚定不移地宣布，英格兰教会将自主行事，我的人臣，包括其子嗣，如前所述，将和平美好地、完全充分地、自由平静地享有并保持从我和我的子嗣处所获上述一切特权、法权和让步，无论涉及何事，无论身处何地，永远不变。

我与男爵们都已宣誓，将认真遵守上述所有条款，不得恶意欺骗。

… stagna, molendina, et cetera ad terram illam pertinentia de exitibus terre eiusdem; et ut heredes ita maritentur ne disparagentur, et per consilium propinquorum de consanguinitate sua.

Ne vidua det aliquid pro dote sua vel maritagio post decessum mariti sui, sed maneat in domo sua per xl. dies post mortem ipsius, et infra terminum illum assignetur ei dos; et maritagium statim habeat et hereditatem suam.

Rex vel ballivus non saisiet terram aliquam pro debito dum catalla debitoris sufficiunt; nec plegii debitoris distringantur dum capitalis debitor sufficit ad solutionem; si vero capitalis debitor defecerit in solutione, si plegii voluerint, habeant terras debitoris donec debitum illud persolvatur plene, nisi capitalis debitor monstrare poterit se esse inde quietum erga eosdem plegios.

Rex non concedat alicui baroni quod capiat auxilium de liberis hominibus suis, nisi ad corpus suum redimendum, et ad faciendum primogenitum filium suum militem, et ad primogenitam filiam suam semel maritandam, et hoc faciet per rationabile auxilium.

Ne aliquis maius servicium faciat de feodo militis quam inde debetur.

Ut communia placita non sequantur curiam domini regis, sed assignentur in aliquo certo loco; et ut recognitiones capiantur in eisdem comitatibus, in hunc modum: ut rex mittat duos iusticiarios per quatuor vices in anno, qui cum quatuor militibus eiusdem comitatus electis per comitatum capiant assisas de nova dissaisina, morte antecessoris, et ultima presentatione; nec aliquis ob hoc sit summonitus nisi iuratores et due partes.

Ut liber homo amercietur pro parvo delicto secundum modum delicti, et pro magno delicto secundum magnitudinem delicti, salvo contenemento suo; villanus etiam eodem modo amercietur salvo waynagio suo; et mercator eodem modo salva marcandisa, per sacramentum proborum hominum de visneto.

Ut clericus amercietur de laico feodo suo secundum modum aliorum predictorum, et non secundum beneficium ecclesiasticum.

Ne aliqua villa amercietur pro pontibus faciendis ad riparias, nisi ubi de iure antiquitus esse solebant.

Ut mensura vini, bladi, et latitudines pannorum et rerum aliarum emendetur; et ita de ponderibus.

Ut assisa de nova dissaisina et de morte antecessoris abbrevientur; et similiter de aliis assisis.

Ut nullus vicecomes intromittat se de placitis ad coronam pertinentibus sine coronatoribus; et ut comitatus et hundredi sint ad antiquas firmas absque nullo incremento, exceptis dominicis maneriis regis.

Si aliquis tenens de rege moriatur, licebit vicecomiti vel alii ballivo regis seisire et inbreviare catallum ipsius per visum legalium hominum, ita tamen quod nichil inde amoveatur, donec plenius sciatur si debeat aliquod liquidum debitum domino regi; et tunc debitum regis persolvatur; residuum vero relinquatur executoribus ad faciendum testamentum defuncti; et si nichil regi debetur, omnia catalla cedant defuncto.

Si aliquis liber homo intestatus decesserit, bona sua per manum proximorum parentum suorum et amicorum et per visum ecclesie distribuantur.

Ne vidue distringantur ad se maritandum, dum voluerint sine marito vivere; ita tamen quod securitatem facient quod non maritabunt se sine assensu regis, si de rege teneant, vel dominorum suorum de quibus tenent.

Ne constabularius vel alius ballivus capiat blada vel alia catalla, nisi statim denarios inde reddat, nisi respectum habere possit de voluntate venditoris.

Ne constabularius possit distringere aliquem militem ad dandum denarios pro custodia castri, si voluerit facere custodiam illam in propria persona, vel per alium probum hominem, si ipse eam facere non possit per rationabilem causam; et si rex eum duxerit in exercitum, sit quietus de custodia secundum quantitatem temporis.

Ne vicecomes vel ballivus regis vel aliquis alius capiat equos vel carettas alicuius liberi hominis pro cariagio faciendo, nisi ex voluntate ipsius.

Ne rex vel ballivus suus capiat alienum boscum ad castra vel ad alia agenda sua, nisi per voluntatem ipsius cuius boscus ille fuerit.

Ne rex teneat terram eorum qui fuerint convicti de felonia, nisi per unum annum et unum diem; sed tunc reddatur domino feodi.

Ut omnes kidelli de cetero penitus deponantur de Tamisia et Medewaye et per totam Angliam.

Ne breve quod vocatur Precipe de cetero fiat alicui de aliquo tenemento unde liber homo amittat curiam suam.

Si quis fuerit disseisitus vel prolongatus per regem sine iudicio de terris, libertatibus, et iure suo, statim ei restituatur; et si contentio super hoc orta fuerit, tunc inde disponatur per iudicium xxv. baronum; et ut illi qui fuerint dissaisiti per patrem vel fratrem regis, rectum habeant sine dilatione per iudicium parium suorum in curia regis; et si rex debeat habere terminum aliorum cruce signatorum, tunc archiepiscopus et episcopi faciant inde iudicium ad certum diem, appellatione remota.

Ne aliquid detur pro brevi inquisitionis de vita vel membris, sed libere concedatur sine pretio et non negetur.

Si aliquis tenet de rege per feodi firmam, per sokagium vel per burgagium, et de alio per servitium militis, dominus rex non habebit custodiam militum de feodo alterius occasione burgagii vel sokagii, nec debet habere custodiam burgagii, sokagii, vel feodifirme; et quod liber homo non amittat militiam suam occasione parvarum serianteriarum, sicuti de illis qui tenent aliquod tenementum reddendo inde cultellos vel sagittas vel huiusmodi.

Ne aliquis ballivus possit ponere aliquem ad legem simplici loquela sua sine testibus fidelibus.

Ne corpus liberi hominis capiatur, nec imprisonetur, nec dissaisiatur, nec utlagetur, nec exuletur, nec aliquo modo destruatur, nec rex eat vel mittat super eum vi, nisi per iudicium parium suorum vel per legem terre.

Ne ius vendatur vel differatur vel vetitum sit.

Quod mercatores habeant salvum ire et venire ad emendum vel vendendum, sine omnibus malis toltis, per antiquas et rectas consuetudines.

Ne scutagium vel auxilium ponatur in regno, nisi per commune consilium regni, nisi ad corpus regis redimendum, et primogenitum filium suum militem faciendum, et filiam suam primogenitam semel maritandam; et ad hoc fiat rationabile auxilium. Simili modo fiat de taillagiis et auxiliis de civitate Londoniarum, et de aliis civitatibus que inde habent libertates, et ut civitas Londoniarum plene habeat antiquas libertates et liberas consuetudines suas, tam per aquas, quam per terras.

Ut liceat unicuique exire de regno et redire, salva fide domini regis, nisi tempore guerre per aliquod breve tempus propter communem utilitatem regni.

Si quis mutuo aliquid acceperit a Iudeis plus vel minus, et moriatur antequam debitum illud solvatur, debitum non usurabit quamdiu heres fuerit infra etatem, de quocumque teneat; et si debitum illud inciderit in manum regis, rex non capiet nisi catallum quod continetur in carta.

Si quis moriatur et debitum debeat Iudeis, uxor eius habeat dotem suam; et si liberi remanserint, provideantur eis necessaria secundum tenementum; et de residuo solvatur debitum, salvo servitio dominorum; simili modo fiat de aliis debitis; et ut custos terre reddat heredi, cum ad plenam etatem pervenerit, terram suam instauratam secundum quod rationabiliter poterit sustinere de exitibus terre eiusdem de carucis et waynagiis.

Si quis tenuerit de aliqua eskaeta, sicut de honore Walingeford, Notingeham, Bonony, et Lainkastre, et de aliis eskaetis que sunt in manu regis, et sunt baronie, et obierit, heres eius non dabit aliud relevium, vel faciet regi aliud servitium quam faceret baroni; et ut rex eodem modo eam teneat quo baro eam tenuit.

Ut fines qui facti sunt pro dotibus, maritagiis, hereditatibus, et amerciamentis, iniuste et contra legem terre, omnino condonentur; vel fiat inde per iudicium xxv. baronum, vel per iudicium maioris partis eorumdem, una cum archiepiscopo et aliis quos secum vocare voluerit: ita quod si aliquis vel aliqui de xxv. fuerint in simili querela, amoveantur, et alii loco illorum per residuos de xxv. substituantur.

Quod obsides et carte reddantur que liberate fuerunt regi in securitatem.

Ut illi qui fuerint extra forestam non veniant coram iusticiariis de foresta per communes summonitiones, nisi sint in placito vel plegii fuerint; et ut prave consuetudines de forestis et de forestariis et warennis et vicecomitibus et rivariis emendentur per xii. milites de quolibet comitatu, qui debent eligi per probos homines eiusdem comitatus.

Ut rex amoveat penitus de balliva parentes et totam sequelam Gerardi de Athyes, quod de cetero balliam non habeant, scilicet Engelardum, Andream, Petrum et Gyonem de Cancell', Gyonem de Cygony, Matheum de Martiny et fratres eius, et Galfridum nepotem eius, et Philippum Marc.

Et ut rex amoveat alienigenas, milites, stipendiarios, balistarios, et ruttarios, et servientes qui veniunt cum equis et armis ad nocumentum regni.

Ut rex faciat iusticiarios, constabularios, vicecomites, et ballivos, qui sciant legem terre et eam bene velint observare.

Ut barones qui fundaverunt abbatias, unde habent cartas regum vel antiquam tenuram, habeant custodiam earum cum vacaverint.

Si rex Walenses dissaisierit vel elongaverit de terris vel libertatibus vel de rebus aliis in Anglia vel in Wallia, eis statim sine placito reddantur; et si fuerint dissaisiti vel elongati de tenementis suis Anglie per patrem vel fratrem regis sine iudicio parium suorum, rex eis sine dilatione iusticiam exhibebit eo modo quo exhibet Anglicis iusticiam de tenementis suis Anglie secundum legem Anglie, et de tenementis Wallie secundum legem Wallie, et de tenementis Marchie secundum legem Marchie: idem facient Walenses regi et suis.

Ut rex reddat filium Lewelini et preterea omnes obsides de Wallia, et cartas que ei liberate fuerunt in securitatem pacis.

Ut rex faciat regi Scottorum de obsidibus reddendis, et de libertatibus suis et iure suo, secundum formam quam facere debet baronibus Anglie, nisi aliter esse debeat per cartas quas habet rex, per iudicium archiepiscopi et aliorum quos secum vocare voluerit.

Et omnes foreste que sunt afforestate per regem tempore suo deafforestentur; et ita fiat de ripariis que per ipsum regem sunt in defenso.

Omnes autem istas consuetudines et libertates quas rex concessit regno tenendas quantum ad se pertinet erga suos …

* * * * * *

# 附录 2

## 《大宪章》人物小传

1215年6月《大宪章》颁布，当时序言中提及了以下二十七人（按先后顺序），并称正是这些人向国王提出建议，才最终形成了这份特许状。这些人相当于《大宪章》的见证人。他们中的大部分人都曾尽忠效力于王室。这凸显了一个事实，即本特许状是明确授予国王的忠实臣民的，而国王的敌人则不得享有其中规定的特权。

加粗人名表明这些人之间有关联，可以互相参见。

## 坎特伯雷大主教斯蒂芬、全英格兰首席主教暨神圣罗马教会枢机主教（约1160—1228年）

斯蒂芬·兰顿是著名的学者兼神学家，也是英国教会法程序的奠基人。1207年，他被教宗英诺森三世任命为坎特伯雷大主教，但这件事导致教宗与约翰王决裂，最终教宗对约翰处以绝罚，并对英格兰下达了禁行圣事令。兰顿直到1213年才就任。尽管兰顿经常被认为是《大宪章》的作者，尽管与教会相关的事务在《大宪章》中获得的突出地位无疑是他的功劳，但他的角色可能更像是国王和诸男爵之间的调解人。1215年，英诺森三世下令宣布《大宪章》无效，并将那些不肯让步的男爵逐出教门，当时兰顿不肯发布绝罚令，于是遭到停职，被迫离开英格兰，直到1216年英诺森三世和约翰都去世之后，他才返回英格兰。他后来重新担任大主教，生前一直担任该职直至1228年去世。

## 都柏林大主教亨利（卒于1228年）

伦敦的亨利是13世纪最重要、最具争议的都柏林大主教之一。作为约翰王的亲密盟友，他确保了爱尔兰诸男爵对王室的忠诚。在爱尔兰事务中，亨利拥有相当大的影响力，并经常因妨碍世俗司法而招致不满。最终在1224年，亨利三世国王用小威廉·马歇尔（见附录3）取代了他。伦敦的亨利于1228年去世，葬于都柏林圣三一大教堂。

## 伦敦主教威廉（卒于1224年）

威廉·德·圣梅尔埃格利斯是一名诺曼教士，1182年前已经为亨利二世国王服务，成为金雀花王朝最受信任的仆人之一。他跟随理查一世来到英格兰，并成为伦敦主教管区的主教。约翰王在任期间任命他为特别顾问，但因他在坎特伯雷大主教之争中站在教宗一边，1208年至1213年间遭到流放。约翰死后，他成为亨利三世的顾问，直到1221年退休。三年后，他在艾赛克斯郡的圣奥西斯去世。

## 温切斯特主教彼得（卒于1238年）

彼得·德·罗什出生于法国北部的图赖讷，他是金雀花王朝的长期合作者和仆人。在约翰王与教宗英诺森三世发生争执及禁止令期间，他是仅有的两名忠于约翰的主教之一，他还担任国王长子亨利的监护人。亨利即位后，他与亨利保持了密切的关系，但却与另一名王室仆人**休伯特·德·伯格**卷入了一场旷日持久的争执。彼得作为政法官，推翻了无数法律程序，他这种做法被认为违反了《大宪章》，并引发了一场男爵起义。1234年4月，亨利三世命令他离开宫廷。四年后，他在萨里郡的法纳姆去世。他的心葬在韦弗利修道院，遗体的其余部分埋葬在温切斯特大教堂。

## 巴斯与格拉斯顿伯里主教乔斯林（卒于1242年）

作为一名王室书记员和教士，在约翰与教宗英诺森三世就任命**斯蒂芬**·兰顿担任坎特伯雷大主教一事发生的争执中，威尔斯的乔斯林是约翰的主要顾问之一。约翰被逐出教会后，他站在了兰顿和男爵这边，但他和**彼得**·德·罗什一起为亨利三世行加冕礼，并帮助他追回了王室财产。他是**林肯主教休**的弟弟。

## 林肯主教休（卒于1235年）

休是**乔斯林**的哥哥，在1209年被选为林肯主教前，他原本一直担任王室行政官。这次选举令教宗怀疑王室发挥了不当影响，**斯蒂芬**·兰顿受命进行调查，导致休就任圣职的仪式推迟。约翰王被逐出教会后，休流亡法兰西，并在那里一直待到1213年。后来亨利三世国王礼聘他与路易八世谈判。

## 伍斯特主教沃尔特（卒于1255年）

沃尔特·德·格雷是约翰王的支持者，与约翰过从甚密，在沃尔特还很年轻的时候，约翰就任命他担任财政大臣。他在推迟教宗下达绝罚令上起到了至关重要的作用。他在这件事上表现出色，于1215年被选为约克大主教。1215年至1217年男爵战争期间，他代表国王从国外招募雇佣兵，而且他的显赫地位一直保持到了亨利三世统治期间，无论作为教士还是外交官，他都勤勉工作，兢兢业业。

## 考文垂主教威廉（卒于1223年）

威廉·德·康希尔在伦敦长大，因为服务于亨利二世而晋身成为王室行政官，他一直都是约翰的忠实仆人，担任过多项职务，包括法官、内务大臣和征税官。在兰尼米德之前，他不知疲倦（但徒劳无功）地与威尔士叛军和英格兰男爵进行谈判。国王死后，德·康希尔也出席了亨利三世在格洛斯特举行的加冕典礼。他死后，人们对他的评价是“一个简朴而慷慨的人，尽忠于国王，效劳于王国”。

## 罗切斯特主教本讷迪克特（卒于1226年）

索斯顿的本讷迪克特是圣保罗大教堂的训诫师。他可能曾经在巴黎师从斯蒂芬·兰顿，后者推荐他参加1214年12月罗切斯特主教选举。约翰死后，他对王室的作用要大于约翰生前，他在1225年被派往法兰西担任大使与路易八世和谈之前，曾在英格兰东南部担任法官。

## 副助祭暨教宗家室成员潘道尔夫先生（卒于1226年）

诺里奇主教潘道尔夫·韦拉西奥出生于罗马，受英诺森三世之命在禁止令达到预期效果之后以教宗使节的身份前往英格兰，接受约翰的臣服。后来潘道尔夫一直与国王保持着密切的关系，并在与男爵的冲突中为他提供建议，由于他的外国背景和奢侈无度的做派，他在这些男爵中非常不受欢迎。潘道尔夫在亨利三世未成年时期非常活跃，他是1215—1217年男爵战争后恢复秩序的关键人物。他于1221年离开英格兰，五年后死于罗马。

## 英格兰圣殿骑士团团长艾伊莫瑞克教兄（相传卒于1219年）

艾伊莫瑞克·德·圣摩是圣殿骑士团团长。圣殿骑士团是一个富有、强大、受到高度保护的十字军教士团体，他们在伦敦拥有大量房产。艾伊莫瑞克是约翰一个稳定的资金来源，1215年这名国王甚至还在圣殿教堂住了一段时间。1203—1206年，圣殿骑士团曾借钱给约翰，以赎回在法兰西被俘的士兵，并聘请了雇佣兵。作为回报，国王向骑士团赠送了几件礼物，包括伦迪岛。艾伊莫瑞克可能死于1219年，他的继任者是艾伦·马塞尔。

## 彭布罗克伯爵威廉·马歇尔（1146—1219 年）

威廉·马歇尔不仅是他所生活时代最著名的骑士之一，还是有史以来最著名的骑士之一，他的一生都在为金雀花家族服务中度过。虽然在约翰迫害德·布雷乌泽家族时他与这名国王失和，但大元帅（有时候人们称他为大元帅威廉）最终回到了约翰身边，并且终此一生忠于王室，在约翰死后，他亲自照顾亨利三世，并领导了对抗法兰西路易王子的战争，尽管当时他已经年近花甲。《马歇尔生平》（*Life of Marshal*）一文长达19000词，虽然不乏明显的夸张和扭曲，但这篇充满戏剧色彩、自吹自擂的文本仍然是研究这段时期英格兰历史的一份颇为可读、颇具趣味的材料。

## 索尔兹伯里伯爵威廉（约 1167—1226 年）

威廉·朗格斯佩是亨利二世的非婚生子，在世人的眼中他几乎与王子地位同等。他是一名勇敢且颇有天赋的战士，与异母兄弟理查一世在诺曼底作战，并以外交官的身份为另一位异母兄弟约翰王服务，他也曾在1213年参与在茨温河口焚烧法兰西舰队的行动。朗格斯佩在第二年的布汶战役中指挥一个师的部队，最终战败（他曾劝告约翰不要开战）。他先是被俘，后被赎回。在兰尼米德，他曾站在约翰王的身边，当路易入侵时，他曾叛逃到男爵一方，不过在一段不长的时间之后，朗格斯佩又回到了国王阵营，并积极参与了1217年的内战和《兰贝斯条约》（*Treaty of Lambeth*）

的和平谈判。在亨利三世未成年时期，他也扮演了重要的军事角色，直到1226年去世。

## 瓦伦伯爵威廉（卒于1240年）

萨里伯爵威廉·德·瓦伦通常被称为瓦伦伯爵，他出生于诺曼底，是亨利二世异母兄哈梅林的儿子。在约翰王失掉诺曼底后，他试图继续维持与法兰西国王腓力·奥古斯都和约翰两方面的友好关系，但最终他将全部身家押在了英格兰国王一边。在约翰统治期间，他一直是王室的积极支持者，并深度参与了内战和兰尼米德之前与男爵们的谈判。约翰去世后，他曾短暂支持路易王子，希望拿回1204年失去的在法兰西的土地，但他很快改换到王室阵营，并在亨利三世的统治时期发挥了重要作用。瓦伦是为数不多在1215年见证《大宪章》面世，并在1237年见证《大宪章》重颁的男爵之一。

## 阿伦德尔伯爵威廉（1174—1221年）

威廉·道比尼原本是约翰王的长期合作者，在理查一世统治期间曾在诺曼底与约翰并肩作战。他参与了1209年与**斯蒂芬·**兰顿的谈判，并在1213年见证了约翰向教宗臣服。尽管在兰尼米德支持了约翰，但1216年道比尼还是投靠了路易，并在林肯战役后再次变节。他参加了第五次十字军东征，并于返乡途中在罗马附近去世。

## 苏格兰治安官，加洛韦的艾伦（约 1199—1234 年）

骁勇善战的艾伦在加洛韦拥有君主般的权力，其领土利益从英格兰北部一直延伸到挪威王国。他曾协助约翰征服爱尔兰，但在《大宪章》被宣布无效后爆发的战争中，他站在了苏格兰国王亚历山大二世这边。

## 沃林·菲茨杰拉德（卒于 1235 年）

沃林·菲茨杰拉德来自一个世袭的宫廷内侍家族，并曾以该身份服务于约翰王。他的女儿玛格丽特——德文伯爵的遗孀——被约翰王强行嫁给了上尉法尔克斯·德·布雷奥泰。玛格丽特后来请求取消这桩婚姻，并在上诉过程中引用《大宪章》第8条为自己辩护：该条款禁止强迫寡妇结婚。她的离婚请求虽未获批准，但她一直处于亨利三世监护之下。

## 彼得·菲茨赫伯特（卒于 1235 年）

在约翰提名之下，彼得·菲茨赫伯特成为德文郡巴恩斯特布男爵。他的其他职务还包括皮克灵城堡总督和约克郡郡长。尽管他曾在兰尼米德为约翰提供建议，但后来站在了男爵这边，他的土地被没收，直到亨利三世登基时才予归还。他于1235年去世，葬在雷丁。

## 普瓦图大总管休伯特·德·伯格（1170—1243 年）

德·伯格出生于一个小地主家庭，他一路官运亨通扶摇直上，这是他孜孜不倦尽忠侍奉约翰和亨利三世的回报。据传说——莎士比亚也这样描述过——他在1203年违抗约翰的命令，拒绝将布列塔尼的阿尔蒂尔（约翰的侄子和对手）去势。1205年，他在希农被捕并被赎，随后返回英格兰，在英格兰南部和东部积聚了大量土地。在布汶战役期间，他被任命为普瓦图大总管，在《大宪章》的谈判中，站在国王阵营发挥了突出的作用。1216—1217年，休伯特·德·伯格抵御住了路易王子的进攻，成功守住了多佛城堡，在桑威治战役中指挥舰队作战。在亨利三世统治早期，他作为政法官和彼得·德·罗什的竞争对手，发挥了突出的——或许可以说是破坏性的——作用。

## 休·德·奈维尔（卒于 1234 年）

德·奈维尔出生于一个不受欢迎的王室林苑官家庭，他与理查一世一起在宫廷长大，与理查和约翰都非常熟稔。他和理查一起参加了十字军东征，并亲身经历了雅法围城战。他后来成了约翰最亲密的顾问，但在约翰去世前，德·奈维尔加入了男爵阵营，这让他一度失去了官职和土地。亨利三世统治时期，他与王室和解，并再次被任命为首席林苑法官。

## 马修·菲茨赫伯特（1166—1231年）

马修·菲茨赫伯特来自格洛斯特郡。他以苏塞克斯郡郡长的身份分别在1211—1215年、1218年及1219—1224年出现。

## 托马斯·巴塞特（卒于1220年）

在约翰还是莫尔坦伯爵时，巴塞特就是他的助手，他也是理查一世参加十字军东征去国期间因其背信弃义行径而被逐出教会的人之一。男爵战争期间，他一直忠于约翰，作为报酬，约翰将沃里克城堡和几名反叛骑士的地产封给了巴塞特。他是艾伦·巴塞特的兄长。

## 艾伦·巴塞特（卒于1232年）

巴塞特是理查一世统治时期杰出的外交官，在约翰即位后继续尽忠王室，他经常为英格兰和法兰西的王室特许状做见证，并曾因良好服务受到奖赏，包括免缴代役金（一种封建税赋，支付此税可以免除服兵役的义务）。巴塞特在林肯战役（1217年）中属于胜利一方，此后加入亨利三世政府，并于1220年前往法兰西进行和谈。他一直为王室效力，直到去世。他是托马斯·巴塞特的弟弟。

## 菲利普·道比尼（相传卒于1236年）

在1204年之前，身为男爵的道比尼在英吉利海峡两岸都有利益，他在诺曼底失地之后站在约翰这边，曾参加布汶战役，在普瓦图作战。在男爵战争期间，他被授予“基督骑士指挥官”的称号。道比尼参加了林肯战役（1217年）和桑威治海战（1217年），之后负责亨利三世的军事教育。他在参加第五次十字军东征后死于耶路撒冷。

## 罗伯特·德·若普尔（生卒年不详）

他是一个寂寂无名的人物，也被称为罗伯特·德·若普雷、德·罗斯以及德·罗克利，他似乎曾以诺福克郡郡长的身份为王室服务。他在《大宪章》颁布后加入了男爵的行列，并于1216年在罗切斯特城堡被约翰王的军队俘虏。

## 约翰·马歇尔（相传卒于1235年）

约翰爵士是彭布罗克伯爵**威廉·马歇尔**的侄子，曾在诺曼底与威廉共同作战，随后赴爱尔兰为约翰王效力，并曾担任过多种不同职务。在兰尼米德之后，马歇尔被派往罗马担任大使，但在1217年及时返回参加了林肯和桑威治战役。亨利三世统治期间，他在爱尔兰的利益得以保留，终其一生大体保持了对王室的忠诚。

## 约翰·菲茨休（生卒年不详）

约翰·菲茨休出身于约克郡的“雷文斯沃斯的菲茨休”家族。他曾出任法官，而且是约翰王的坚定拥趸。

* * * * * *

# 附录 3

## 《大宪章》执行者小传

马修·帕里司（约1200—1259年）在他的著作《大事录》（*Chronica Majora*）中列举了1215年《大宪章》指定为执行人的25名男爵的姓名（按此顺序）。[1]根据《大宪章》第61条，如果国王本人或国王手下官员违反《大宪章》的条款且未在40天内予以救济，这些人将有权“羁押我并以任何可能的方式让我遭受损失”（此处“我”指国王）。另外一份名录——现保存在兰贝斯宫——还包括这25名男爵（伦敦市长除外）应配备骑士的数量，一旦触发安全条款，男爵们将带领这些骑士走上战场。[2]

## 克莱尔伯爵理查德（卒于1217年）

他的另一个名字是理查德·德·克莱尔，他是赫特福德伯爵，这是他从1173年开始就拥有的头衔，理查一世和约翰加冕的时候，理查德都曾亲临现场，不过他与这两兄弟中的哥哥关系较亲近，与弟弟的关系则较疏远。他的势力中心是位于肯特郡的汤布里奇城堡，他也是起兵反叛的东安格利亚男爵之一；德·克莱尔可能还参与了1212年阴谋刺杀约翰的行动。1215—1217年男爵战争期间，他的土地被罚没，他本人也被教宗处以绝罚。理查德于1217年11月去世，留下儿子吉尔伯特作为他的继承人，吉尔伯特也是这25人中的一员。

## 欧马勒伯爵威廉·德·富尔茨（约1190—1241年）

欧马勒是诺曼底的一个小镇，所以从理论上来说，当腓力·奥古斯都重新征服该公爵领地之后，威廉的英格兰称号就应该已经过时了。但在约翰王统治时期，这个称号被保留了下来，并且与约克郡的霍尔德内斯勋爵头衔联系在一起。威廉的母亲哈维萨首当其冲地受到了约翰封建压榨手段的打击：她的丈夫（威廉的继父）于1212年去世，她不得不支付5000马克以避免被迫改嫁。尽管从孩提直到成年，威廉基本都身处英格兰以外的地方，但1214年哈维萨去世后，威廉来到英格兰要求继承自己应得的财产，并立即就找到了加入男爵一方反对国王的理由。不过1215年夏末，他转换阵营来到了约翰身边，并被授予大量被收缴的反叛男爵的土地，大获其利。在亨利三世统治时期，威廉在1216年和1225年见证了《大宪章》的重颁，但在亨利未成年时期，他也制造了相当严重的政治麻烦。他相当长寿，也相当活跃，最终死在去耶路撒冷朝圣的路上。

## 艾赛克斯伯爵与格洛斯特伯爵杰弗里·德·曼德维尔（卒于1216年）

德·曼德维尔是一名富有的男爵，他身负多项职责，其中之一就是伦敦塔的看管人。1214年，他被迫反叛，在娶了与国王离婚的约翰的第一任妻子（格洛斯特女伯爵伊莎贝尔）后，他受到逼迫勒索，不得不同意为这项特权支付20000马克的巨款，这可以说是约翰借封建义务关系敲诈到的最大一笔钱。毫无疑问，这样的债是不可能偿完的，约翰很有可能是故意要了一个天价，目的就是让他还不起，这样一来约翰就能随时讨回格洛斯特的土地——因为与伊莎贝尔离婚，这片土地就不再属于他了。如果“二十五人枢密会”为了执行《大宪章》而开战，德·曼德维尔可以率领200名骑士反抗国王，除他之外，只有另一名男爵能够带领200名骑士，那就是**小威廉·马歇尔**。德·曼德维尔的反叛期相当短：1216年2月在伦敦举行的一次锦标赛上，德·曼德维尔被杀死。

## 温切斯特伯爵萨尔·德·昆西（卒于1219年）

德·昆西是苏格兰边境的主要地主，也是一名久经沙场的战士，曾在诺曼底与“狮心王”理查和约翰并肩作战，1203年在沃德勒伊被法国人俘虏。后来，他在苏格兰、爱尔兰和德国为约翰服务，担任王室法官，并深入参与了财政署的工作。德·昆西见证了1210年约翰对威廉·德·布雷乌泽的迫害，以及1213年约翰臣服于教宗一事。1215年3月，他与国王一起接受了十字架，但仅仅几周后，他就背叛了国王，前往苏格兰煽动亚历山大二世入侵英格兰北部。德·昆西是**罗伯特·菲茨沃尔特**的好朋友和同袍，1215年5月，他允许叛军在向伦敦进军之前，借用他在布拉克利的土地宣布放弃效忠。后来，他又和其他男爵一起，邀请路易王子入侵英格兰。他在1217年的林肯战役中被俘，之后重新效忠王室，并且在1217年出席了授予《大宪章》的枢密院会议。18个月后，他离开英格兰参加十字军东征，在达米埃塔去世，葬在阿卡。

## 赫里福德伯爵亨利·德·博汉（1175—1220 年）

德·博汉是英格兰世袭治安官，也是苏格兰国王威廉一世（“雄狮”威廉）的外甥，约翰加冕后不久，他被派往威廉一世宫廷打理外交事务。后来因为与约翰发生争执，原因之一是他与约翰的异母兄弟威廉·朗格斯佩（见附录2）就威尔特郡的特罗布里奇城堡相争不下，德·博汉就加入了叛军一方，他全部的土地因而被国王收缴。1215年年末，他又回到约翰阵营，但后来再次转换立场，支持路易王子对抗亨利三世。他在1217年的林肯战役中被俘，后来与新政权达成和解，并于1220年在前往圣地朝圣途中去世。

## 诺福克伯爵罗杰·比戈德（1143—1221 年）

比戈德家族与历代金雀花国王的冲突可以追溯到罗杰的父亲休·比戈德，他本人也曾参与1173—1174年对抗亨利二世的“大战”。尽管如此，罗杰仍与理查一世关系密切，非常踊跃地为约翰王服务，参加了普瓦图、苏格兰、爱尔兰和威尔士的战役。罗杰之所以决定加入叛军，成为东安格利亚男爵集团的一员，可能与约翰在财务方面的需索无度有关。无论出于什么原因，约翰去世也没能解开比戈德的心结，他直到1217年才恢复了对王室的忠诚，当时局势已经非常明朗，彭布罗克伯爵威廉·马歇尔以及亨利三世的支持者将赢得这场战争。他的继承人是休·比戈德。比戈德家族之后的几代伯爵仍位高权重，但在14世纪初，这个家族已经凋零殆尽。

## 牛津伯爵罗伯特·德·维尔（卒于1221年）

德·维尔也是一名东安格利亚叛军，被文多弗的罗杰认定为反对约翰政权的主要推动者之一。他采取这些行动与其说是出于对叛军事业的深刻认同，不如说是出于务实主义的考量。1216年，有不少男爵在约翰和路易王子之间摇摆不定，德·维尔就是其中之一，在金雀花王朝保王党取得胜利之后，德·维尔成了一名王室法官。

## 小威廉·马歇尔（1190—1231年）

在约翰统治的最后数年，年轻的威廉经历了这段艰难时期，当时他在宫廷里被扣为人质长达七年，以确保他的父亲——声名显赫的彭布罗克伯爵威廉·马歇尔（见附录2）——不会行差踏错。与老马歇尔不同，这位年轻人在1215—1216年站在了反对派一边，并被路易王子任命为元帅。但他在开战之初就改变了立场，1217年林肯战役期间在其父麾下作战。他父亲在亨利三世统治初期去世，之后马歇尔着手扩大他在威尔士、爱尔兰和英格兰南部的家族田产。1231年他突然去世，没有留下后代，兄弟们——理查德、吉尔伯特、沃尔特和安塞姆——成了他的继承人。他的兄弟们也没有留下婚生子，1245年马歇尔家族的财产分配给了诸姐妹和女继承人。

## 罗伯特·菲茨沃尔特（卒于1235年）

从1212年开始，菲茨沃尔特就是叛军头目之一，当时他与尤斯塔斯·德·韦希密谋刺杀约翰。作为一名富有且权倾一时的东安格利亚人，他与**萨尔·德·昆西**联系尤为密切，他把德·昆西当成兄弟，自己的印章上甚至印有德·昆西的家徽。菲茨沃尔特喜欢争论，而且容易被煽动，动辄以暴力相向。1213—1214年的普瓦图和布汶战役期间，以他为首的很多男爵拒绝与约翰并肩作战。1215年5月，他自封为“神之军大元帅”，并率军向伦敦进发。尽管他财大势雄，但却未能在1215年的秋季战役中解救罗切斯特城堡之围，后来又在1217年的林肯战役中被俘。这次战争之后，他与萨尔·德·昆西一同参加了第五次十字军东征，亲临达米埃塔。他的这位朋友牺牲，但他得以生还，回到英格兰之后的菲茨沃尔特洗心革面，成为亨利三世的忠实支持者，直至死亡。

## 吉尔伯特·德·克莱尔（1180—1230年）

吉尔伯特是**克莱尔伯爵理查德**的儿子和继承人，1215年时他大约35岁，在之前的几年里，他在政治方面的活动一直受到他举兵反叛的父亲的指导。在约翰死后的战争中，他站在路易王子一边，但在林肯战役（1217年）之后，他转而与彭布罗克伯爵威廉·马歇尔（见附录2）结盟。吉尔伯特从母亲阿米西娅那里继承了格洛斯特伯爵的头衔，但他从来都不是一个非常活跃的政治人物。1225年亨利三世重颁《大宪章》时他曾亲临现场，五年后他与亨利三世征战布列塔尼，在战役期间去世。

## 尤斯塔斯·德·韦希（约1169—1216年）

德·韦希是一个地位相当显赫的北方人，这要归功于他与苏格兰国王威廉一世（“雄狮”威廉）私生女的婚姻。男爵叛乱伊始他就是叛军首领之一，与1212年刺杀约翰的阴谋有很深的牵连。自纽堡的威廉以降的编年史家都暗示，他之所以长期反对约翰，根源在于国王垂涎德·韦希妻子的美色。不管这件事是真是假，德·韦希很早就投身于反叛事业之中了。他支持路易王子的入侵，后来在达勒姆郡巴纳德城堡的围攻战中丧生，当时一支流箭射中了他的头颅。

## 休·比戈德（卒于1225年）

休·比戈德是诺福克伯爵**罗杰·比戈德**的儿子和继承人，休在他父亲1221年去世后继承了伯爵爵位。他娶了彭布罗克伯爵威廉·马歇尔（见附录2）的女儿玛蒂尔达为妻。比戈德见证了1225年《大宪章》的重颁，但不久之后去世。

## 威廉·德·莫布雷（1173—1224年）

德·莫布雷虽然身材矮小，看上去跟侏儒差不多，但他的勇气和慷慨令人肃然起敬。在1215年之前，他一直积极服务于国王的武士，但1215年的时候他与其他北方人一道起兵。在林肯战役（1217年）之前，他一直持反对立场，他在林肯被俘，后来与新政权达成了和解。

## “伦敦市长”：绸布商塞洛（生卒年不详）

在《大宪章》诞生的时期，市长一职由纺织品经销商、房产所有者绸布商塞洛担任，他在全市各地都拥有房产，包括圣玛丽勒波教区。塞洛在1215年担任市长，并在1216—1221年再次担任市长。对反叛的男爵们来说，他的支持至关重要，因为占领伦敦是从约翰手中获得自由宪章的关键筹码。作为“二十五人枢密会”中唯一不被要求带领骑士的成员，如果约翰违反了《大宪章》，塞洛将被要求将伦敦城交由男爵控制。[3]

## 威廉·德·兰瓦雷（卒于1217年）

德·兰瓦雷与**罗伯特·菲茨沃尔特**有亲戚关系，他娶了菲茨沃尔特的外甥女。他也是科尔切斯特城堡的总督，在1214—1217年之间，他与王室因为这座城堡的归属起了争执，1217年，德·兰瓦雷去世，当时他仍然是叛军的一员。

## 罗伯特·德·罗斯（约1182—1227年）

德·罗斯是一个坚定的北方人，在约克郡和诺森伯兰郡拥有田产，约翰统治早期，他经常出现在国王左右，甚至王室赌桌上也能看到他的身影。他见证了约翰向教宗的臣服，直至1215年4月，他仍享受着王室的恩宠，并在王室任职。然而不知何故，德·罗斯后期被拖入了反对阵营，直到1217年秋他一直被王室疏远。他见证了1225年《大宪章》的重颁，随后退居幕后，以教士身份度过了他生命中最后几个月的时光。

## 切斯特治安官约翰·德·莱西（1192—1240年）

在《大宪章》时期，德·莱西还是个年轻人，他继承了父亲在英格兰北部的巨额财产，但代价是7000马克的巨额税款。1215年3月4日，他与约翰一起拿起十字架加入圣战事业，此举令他获得了大量的债务减免。德·莱西在《大宪章》颁布前的最后三周才起兵反叛，但他似乎从来没有服膺于这项事业，在国王和叛军之间来回摇摆。1217年亨利三世统治时期，他与王室和解，之后前往达米埃塔参加圣战，然后又回到英格兰，在新国王的统治下大展其才。他是为数不多的几名既见证了1215年《大宪章》的诞生，又见证了1225年和1237年《大宪章》重颁的人之一（理查·德·蒙菲谢也名列其中）。

## 理查德·德·珀西（卒于1244年）

德·珀西是一个年轻的北方人，1214年他拒绝参加布汶战役，并于1215年夏天开始积极反对约翰。1216年，在他的倒戈之下，约克郡成为路易王子的囊中之物。他与王室和解的时间较晚，要等到1217年11月。表面看来，跟其他男爵相比，他的财富没有那么多，一旦“二十五人枢密会”向约翰宣战，他也只需带十名骑士。1237年，在生命行将结束时，德·珀西见证了《大宪章》的再度确认。

## 约翰·菲茨罗伯特（卒于1244年）

菲茨罗伯特是一名北方男爵，也是东安格利亚的一个头面人物，他拥有的土地从诺森伯兰的沃克沃斯和罗斯伯里一直延伸到艾赛克斯郡的克莱维林。他的表弟约翰·德·莱西也是二十五名男爵之一。他曾担任郡长，为王室服务。在当时的环境下，有很多人因为领地和家族人脉等诸多关系而加入了反对派的行列，德·莱西就是一个典型。

## 威廉·马利特（1175—1215年）

马利特是"狮心王"理查的十字军伙伴，他是萨默塞特一名相当有势力的地主，与英格兰北部和东部的主要叛乱中心相隔遥远。在《大宪章》颁布之前的几年里，他发现自己对王室欠下了巨额债务，1214年这个数字达到了2000马克。他试图通过赴法兰西参战的方式让王室将这债务一笔勾销。可能正是这种紧张关系促使他在1215年夏天加入叛军，他以前曾担任过郡长，也从未逃避过军事义务，这意味着他可能是二十五个男爵中立场较温和的一个。

## 杰弗里·德·萨伊（1155—1230年）

杰弗里·德·萨伊参加了国王在爱尔兰展开的军事行动。他随后继承了父亲在英格兰东南部和伦敦周围各郡的土地，并且只支付了少量罚款。尽管如此，他还是加入了反对派男爵的队伍，并于1215年10月被短暂地剥夺了土地。1217年，德·萨伊与亨利三世政权和解，随后两次朝圣，先是前往圣地，然后又去到西班牙的圣地亚哥–德孔波斯特拉。

## 罗杰·德·蒙特贝冈（卒于1226年）

德·蒙特贝冈是一名地主，在林肯郡和兰开夏郡都拥有土地，曾一度是诺丁汉城堡的看管人，在《大宪章》颁布前的几年里，他拒绝向国王缴纳代役金，也拒绝履行军事义务。在现存于兰贝斯宫图书馆的手稿中，马修·帕里司错误地将他称为罗杰·德·莫布雷。如果约翰违反宪章条款，而“二十五人枢密会”兴兵讨伐，他只需要带十名骑士。

## 威廉·德·亨廷菲尔德（相传卒于1225年）

从艾赛克斯和萨福克郡到林肯郡和兰开斯特，德·亨廷菲尔德所拥有的土地散落各处，一直到1214年布汶战败之前，他都是约翰王的积极支持者。1208—1209年，他曾担任巡回法院法官，并在之后的一年担任诺福克郡和萨福克郡的郡长。然而1215年春，他加入了反对派阵营，并在1215—1217年的男爵战争期间活跃在东安格利亚地区，代表路易王子控制该地区。他似乎是个爱鸟人士，记录显示，他在约翰统治初期就曾向国王赠送礼物——一只猎鹰和六只“漂亮的挪威鹰”，以求得到国王的宠信。

## 理查德·德·蒙菲谢（1190—1267年）

经历过13世纪两次男爵战争（1215—1217年和1264—1267年）的人寥寥无几，德·蒙菲谢就是其中之一，1214年，刚刚成年的德·蒙菲谢与约翰王一同来到了普瓦图。他的家族是艾赛克斯王室林地的世袭看管人，德·蒙菲谢在《大宪章》谈判中获得了这一权力，但在随后的战事中又被收回，年轻的亨利三世领导下的政府1217年为他恢复了这项特权。跟**约翰·德·莱西**一样，他也见证了1225年和1237年《大宪章》的重颁。也许是从早年的坎坷生涯中吸取了教训，在13世纪60年代亨利三世与莱斯特伯爵西蒙·德·蒙福尔之间的战争中，他保持了中立。

## 威廉·道比尼（卒于1236年）

威廉·道比尼是莱斯特郡的贝尔沃领主，他曾担任过三个郡的郡长。尽管道比尼对王室持批评态度并最终加入了叛军，但他曾在反约翰的叛乱中长期保持中立，因为时机恰到好处，他成为二十五男爵之一。随后，他在罗切斯特城堡围城战期间（1215年10—11月）率兵防守，据说他成功说服一名弩手不要从城墙上刺杀约翰。罗切斯特城堡陷落后，道比尼被囚禁在科夫堡，但在约翰死后获释。他后来站到了亨利三世这边，并在1217年的林肯战役中担任指挥官。

[illegible] ... Reverenda, et cetera ad eum illam pertinentia de exitibus terre ejus; et ut [illegible] ... tum propinquos de consanguinitate sua.

Ne vidua det aliquid pro dote sua vel maritagio post decessum mariti sui, sed maneat in domo sua per xl. dies post mortem ipsius, et infra terminum illum assignetur ei dos; et maritagium statim habeat et hereditatem suam.

Ut Rex vel Ballivus non saisiet terram aliquam pro debito dum catalla debitoris sufficiunt; nec plegii debitoris distringantur dum capitalis debitor sufficit ad solutionem; si vero capitalis debitor defecerit in solutione, si plegii voluerint, habeant terras debitoris donec debitum illud persolvatur plene, nisi capitalis debitor monstrare poterit se esse inde quietum erga plegios.

Ut Rex non concedat alicui Baroni quod capiat auxilium de liberis hominibus suis, nisi ad corpus suum redimendum, et ad faciendum primogenitum filium suum militem, et ad primogenitam filiam suam semel maritandam; et hoc faciet per rationabile auxilium.

Ne aliquis majus servitium faciat de feodo militis quam inde debetur.

Ut communia placita non sequantur curiam domini Regis, sed assignentur in aliquo certo loco; et ut recognitiones capiantur in eisdem comitatibus, in hunc modum: ut Rex mittat duos justiciarios per quatuor vices in anno, qui cum quatuor militibus ejusdem comitatus electis per comitatum capiant assisas de nova disseisina, morte antecessoris et ultima presentatione, nec aliquis ad hoc sit summonitus nisi juratores et due partes.

Ut liber homo amercietur pro parvo delicto secundum modum delicti, et pro magno delicto secundum magnitudinem delicti, salvo contenemento suo; villanus etiam eodem modo amercietur salvo waynagio suo; et mercator eodem modo salva marcandisa, per sacramentum proborum hominum de visneto.

Ut clericus amercietur de laico feodo suo secundum modum aliorum predictorum, et non secundum beneficium ecclesiasticum.

Ne aliqua villa amercietur pro pontibus faciendis ad riparias, nisi ubi de jure antiquitus esse solebant.

Ut mensura vini, bladi, et latitudines pannorum et rerum aliarum emendetur; et ita de ponderibus.

Ut assise de nova disseisina et de morte antecessoris abbrevientur; et similiter de aliis assisis.

Ut nullus vicecomes intromittat se de placitis ad coronam pertinentibus sine coronatoribus; et ut comitatus et hundredi sint ad antiquas firmas absque ullo incremento, exceptis dominicis maneriis Regis.

Si aliquis tenens de Rege moriatur, licebit vicecomiti vel alii ballivo Regis seisire et imbreviare catallum ipsius per visum legalium hominum, ita tamen quod nichil inde amoveatur donec plenius sciatur si debeat aliquod liquidum debitum domino Regi; et tunc debitum Regis persolvatur; residuum vero relinquatur executoribus ad faciendum testamentum defuncti; et si nichil Regi debetur, omnia catalla cedant defuncto.

Si aliquis liber homo intestatus decesserit, bona sua per manum proximorum parentum suorum et amicorum et per visum ecclesie distribuantur.

Ne vidue distringantur ad se maritandum dum voluerint sine marito vivere; ita tamen quod securitatem facient quod non maritabunt se sine assensu Regis, si de Rege teneant, vel dominorum suorum de quibus tenent.

Ne constabularius vel alius ballivus capiat blada vel alia catalla, nisi statim denarios inde reddat, nisi respectum habere possit de voluntate venditoris.

Ne constabularius possit distringere aliquem militem ad dandum denarios pro custodia castri, si voluerit facere custodiam illam in propria persona vel per alium probum hominem, si ipse eam facere non possit per rationabilem causam; et si Rex eum duxerit in exercitum, sit quietus de custodia secundum quantitatem temporis.

Ne vicecomes vel ballivus Regis vel aliquis alius capiat equos vel carettas alicujus liberi hominis pro cariagio faciendo, nisi ex voluntate ipsius.

Ne Rex vel ballivus suus capiat alienum boscum ad castra vel ad alia agenda sua, nisi per voluntatem ipsius cujus boscus ille fuerit.

Ne Rex teneat terram eorum qui fuerint convicti de felonia, nisi per unum annum et unum diem; sed tunc reddatur domino feodi.

Ut omnes kidelli de cetero penitus deponantur de Tamisia et Medewaye et per totam Angliam.

Ne breve quod vocatur "Precipe" de cetero fiat alicui de aliquo tenemento unde liber homo amittat curiam suam.

Si quis fuerit disseisitus vel prolongatus per Regem sine judicio de terris, libertatibus, et jure suo, statim ei restituatur; et si contentio super hoc orta fuerit, tunc inde disponatur per judicium xxv baronum; et ut illi qui fuerint disseisiti per patrem vel fratrem Regis rectum habeant sine dilatione per judicium parium suorum in curia Regis; et si Rex debeat habere terminum aliorum cruce signatorum, tunc archiepiscopus et episcopi faciant inde judicium ad certum diem, appellatione remota.

[illegible]

Si aliquis tenet de Rege per feodi firmam, per sokagium vel per burgagium, et de alio per servitium militis, dominus Rex non habebit custodiam militum de feodo alterius occasione burgagii vel sokagii, nec debet habere custodiam burgagii, sokagii vel feodi firme; et quod liber homo non amittat militiam suam occasione parvarum serjanteriarum, sicuti de illis qui tenent aliquod tenementum reddendo ... cultellos vel sagittas vel hujusmodi.

[illegible]

[illegible]

[illegible]

[illegible]

Ut liceat unicuique exire de regno et redire, salva fide domini Regis, nisi tempore werre per aliquod breve tempus propter communem utilitatem regni.

Si quis mutuo aliquid acceperit a Judeis plus vel minus, et moriatur antequam debitum illud solvatur, debitum non usurabit quamdiu heres fuerit infra etatem, de quocunque teneat; et si debitum illud inciderit in manus Regis, Rex non capiet nisi catallum quod continetur in carta.

Si quis moriatur et debitum debeat Judeis, uxor ejus habeat dotem suam; et si liberi remanserint, provideantur eis necessaria secundum tenementum; et de residuo solvatur debitum, salvo servitio dominorum; simili modo fiat de aliis debitis; et ut custos terre reddat heredi, cum ad plenam etatem pervenerit, terram suam instauratam secundum quod rationabiliter poterit sustinere de exitibus terre, de carrucis et wainagiis.

Si quis tenuerit de aliqua eskaeta sicut de honore Walingeford, Notingeham, Bonon., et Lancastr., et de aliis eskaetis que sunt in manu Regis, et sunt baronie, et obierit, heres ejus non det aliud relevium, vel faciat Regi aliud servitium, quam faceret baroni; et ut Rex eodem modo eam teneat quo baro eam tenuit.

Ut fines qui facti sunt pro dotibus, maritagiis, hereditatibus, et amerciamentis, injuste et contra legem terre, omnino condonentur; vel fiat inde per judicium xxv baronum, vel per judicium majoris partis eorundem, una cum archiepiscopo et aliis quos secum vocare voluerit; ita quod si aliquis vel aliqui de xxv fuerint in simili querela, amoveantur et alii loco illorum per residuos de xxv substituantur.

Quod obsides et carte reddantur que liberate fuerunt Regi in securitatem.

Ut illi qui fuerint extra forestam non veniant coram justiciariis de foresta per communes summonitiones, nisi sint in placito vel plegii fuerint; et ut prave consuetudines de forestis et de forestariis et warennis et vicecomitibus et riveriis emendentur per xii milites de quolibet comitatu, qui debent eligi per probos homines ejusdem comitatus.

Ut Rex amoveat penitus de balliva parentes et totam sequelam Gerardi de Athyes, quod de cetero balliam non habeant, scilicet Engelardum, Andream, Petrum et Gyonem de Cancell., Gyonem de Cygony, Matheum de Martinny et fratres ejus, et Galfridum nepotem ejus, et Philippum Mark.

Et ut Rex amoveat alienigenas milites, stipendiarios, balistarios, et ruttarios, et servientes qui veniunt cum equis et armis ad nocumentum regni.

Ut Rex faciat justiciarios, constabularios, vicecomites, et ballivos, de talibus qui sciant legem terre et eam bene velint observare.

Ut barones qui fundaverint abbatias, unde habent cartas Regum vel antiquam tenuram, habeant custodiam earum cum vacaverint.

Si Rex Walensem dissaisierit vel elongaverit de terris vel libertatibus vel rebus aliis in Anglia vel in Wallia, eis statim sine placito reddantur; et si fuerint dissaisiti vel elongati de tenementis suis Anglie per patrem vel fratrem Regis sine judicio parium suorum, Rex eis sine dilatione justiciam exhibebit eo modo quo exhibet Anglicis justiciam de tenementis suis Anglie secundum legem Anglie, et de tenementis Wallie secundum legem Wallie, et de tenementis Marchie secundum legem Marchie; idem facient Walenses Regi et suis.

Ut Rex reddat filium Lewelin, et preterea omnes obsides de Wallia, et cartas que ei liberate fuerunt in securitatem pacis.

Ut Rex faciat Regi Scottorum de obsidibus reddendis, et de libertatibus suis, et jure suo, secundum formam quam facit baronibus Anglie, nisi aliter esse debeat per cartas quas Rex habet, per judicium archiepiscopi et aliorum quos secum vocare voluerit.

Et omnes foreste que sunt afforestate per Regem tempore suo deafforestentur; et ita fiat de ripariis que per ipsum Regem sunt in defenso.

Omnes autem istas consuetudines et libertates quas Rex concessit regno tenendas quantum ad se pertinet erga suos [illegible] ...

* * * * * *

# 附录4

## 时间线：《大宪章》八百年

**1100年**

亨利一世在成为英格兰国王时授予了一份自由宪章，除其他事项外，该宪章还承诺教会享有自主权，并在这片土地上维持和平。

**1154年**

亨利二世登上英格兰王位，并授予一份自由宪章作为加冕纪念。

**1166年**

《克拉伦登条令》将王室司法的触角伸到各地方，通过巡回法庭调查罪案。

**1170年**

大主教托马斯·贝克特在坎特伯雷大教堂被谋杀，这是他与亨利二世之间争端导致的后果，二人失和的原因在于亨利二世想让教会人员服从世俗法律。

**1173—1174年**

男爵叛乱这场“大战”以亨利二世获胜而告终。城堡被大规模毁坏和侵夺，《法莱斯条约》令苏格兰臣服于英格兰宗主权下。

**1189年**

亨利二世去世，继任者是他的儿子理查一世（“狮心王”理查）。这一年年底，理查离开英格兰踏上十字军的征程，这次圣战的花费通过征收重税和卖官鬻爵筹措而来。

**1192年**

理查一世在从圣地回国的途中被俘，遭到神圣罗马帝国皇帝亨利六世的囚禁，1194年获释，代价是150000马克的巨额赎金。

**1199年**

4月11日：理查一世在指挥沙吕—沙布罗尔城堡之战时身亡。

5月27日：理查的弟弟约翰加冕为英格兰国王。在理查离开英格兰、被囚禁的这段时间里，约翰在国内激发了叛乱。

**1200年**

约翰与法兰西国王腓力二世（奥古斯都）签订了《勒古莱条约》，该条约的条款对约翰相当不利，他因此获得了“软剑约翰”这个绰号。

## 1202年

在腓力·奥古斯都及盟军的攻击下，约翰失去了安茹、曼恩和图赖讷以及金雀花王朝在欧洲大陆的其他领土。

## 1203年

约4月份：布列塔尼的阿尔蒂尔——约翰的侄子，也是法兰西的腓力·奥古斯都支持的王位竞争者——在被约翰囚禁期间下落不明，有可能遭到了谋杀。

12月：在诺曼底伯爵领受到腓力·奥古斯都威胁之际，约翰离开诺曼底前往英格兰。

## 1204年

诺曼底落入腓力·奥古斯都之手，这对约翰而言是一次沉重的打击。

法兰西入侵加斯科尼，在欧洲大陆上金雀花"帝国"只能龟缩在阿基坦一隅。

## 1205年

7月13日：坎特伯雷大主教休伯特·沃尔特去世；约翰拒绝接受教宗英诺森三世手选的斯蒂芬·兰顿做沃尔特的继任者。

约翰试图入侵普瓦图却无疾而终，形成对峙僵局，英格兰与法兰西达成两年停火协议。

## 1207年

约翰加强了对麾下男爵的财务压榨，他的资金来源包括税收、封建支付以及法律程序产生的费用。

## 1208年

3月：教宗英诺森三世与约翰之间因兰顿任命而爆发的冲突升级，教宗决定向英格兰下达禁行圣事令：教堂沉寂下来，约翰趁机查封教会的财富。

约翰还开始对威廉·德·布雷乌泽下手，因为他未能偿还债务。

## 1209年

8月：苏格兰国王威廉一世（"雄狮"威廉）向约翰交出人质，签订《诺勒姆条约》；人质中包括他的两个女儿。

11月：王室与教宗之间的对峙持续，英诺森三世对约翰下达绝罚令。

## 1210年

约翰用兵于爱尔兰，对威廉·德·布

雷乌泽穷追不舍。

德·布雷乌泽的妻子玛蒂尔达和儿子在狱中遭饿死，玛蒂尔达原本是要代表德·布雷乌泽与约翰进行谈判的。

## 1211年

3—7月：约翰入侵威尔士，迫使卢埃林·阿颇·约沃斯承认其宗主地位。

9月：威廉·德·布雷乌泽在流亡法兰西期间去世。

## 1212年

8月：两名心怀不满的男爵——尤斯塔斯·德·韦希和罗伯特·菲茨沃尔特——带头策划了一个阴谋，企图刺杀约翰，后来这两人逃往国外，并被宣布为逃犯。约翰放弃了集结军队收复欧陆领地的企图。

## 1213年

4月：法兰西国王腓力·奥古斯都及儿子路易王子计划入侵英格兰，将被教宗处以绝罚的约翰拉下王位。

5月15日：面对来自法兰西的威胁，约翰公开向英诺森三世屈服，自称封臣并接受教宗的宗主地位，作为交换，教宗取消了禁行圣事令。

5月30日：法兰西舰队在茨温河口烧掉了，入侵英格兰的计划夭折。

11月2日：约翰与北方诸男爵会谈，试图赢得他们对欧陆战事的支持，但男爵们不肯配合。

## 1214年

1月：约翰要求艾赛克斯伯爵杰弗里·德·曼德维尔支付20000马克巨款换得迎娶国王自己的前妻，格洛斯特的伊莎贝尔的权利。

2月：约翰扬帆渡海来到拉罗歇尔，两路夹击腓力·奥古斯都。

7月27日：约翰的联军在布汶战役中被腓力·奥古斯都击溃。

10月13日：落败的约翰离开法兰西，前往英格兰，而此时的英格兰，尤其是北部，男爵们的动乱正如火如荼，叛乱如箭在弦。

10月到1215年春末，史称“不见经传的宪章”编成，要求实施改革。

## 1215年

1月：约翰和男爵在伦敦的会议不欢而散，男爵们要求重新确认亨利一世的加冕特许状。

3月4日：约翰参加十字军，希望教宗麾下的“圣战者”这一身份能在王国内外强化控制力。

4月25日：约翰未能在北安普敦与诸男爵会面，对他们的要求（可能就是那些“不见经传的宪章”当中的要求）做出回应。

5月5日：反对约翰的诸男爵聚集北安普敦郡布拉克利，正式放弃对约翰的效忠。

5月12日：约翰下令围攻反叛男爵的城堡。

5月17日：自封为“神之军大元帅”的菲茨沃尔特率叛军占领伦敦。

6月10日：忠于王室的一方与反叛一方在兰尼米德展开谈判。约翰接受了一份文件草案——《男爵法案》——作为和谈条款。

6月15日：约翰在兰尼米德授予《大宪章》。其中包含一系列王室许下的承诺，违背这些承诺将导致由二十五名男爵组成的枢密会以武力方式强制执行。

6月19日：叛乱男爵恢复对约翰的效忠，以此释出愿意接受《大宪章》的信号。

7月中旬：约翰致函教宗英诺森三世，要求取消《大宪章》。8月24日，教宗宣布该特许状无效，并对叛乱男爵和伦敦公民处以绝罚。

9月：与诸男爵的战争继续。约翰包围了大主教兰顿据守的罗切斯特城堡。诸男爵请求路易王子入侵。

10月：北方男爵向苏格兰国王亚历山大二世表示臣服，邀请他入侵英格兰。

11月30日：罗切斯特城堡落入约翰手中。

12月：第一支法兰西军队开始抵达英格兰。

## 1216年

1—3月：约翰坚定不移地在北安格利亚和东安格利亚展开攻势，并且在初期获得成功，但他的舰船却未能阻住法兰西越海入侵的舰队。

5月22日：法兰西路易王子入侵，在肯特郡桑威治登陆。

6—8月：路易被迎入伦敦城；他麾下的部队还围困了多佛、林肯和温莎，与此同时苏格兰军队再度进入英格兰，围攻王室拥有的多座城堡。

10月10日：约翰在诺福克罹患痢疾。

10月12日：约翰王在瓦士湾失去了很大一部分辎重车辆和王室珠宝。

10月18—19日：约翰于夜间死亡，地点是诺丁汉郡的纽瓦克。

10月28日：约翰年仅九岁的儿子在格洛斯特加冕为亨利三世，王室行政事务由彭布罗克伯爵威廉·马歇尔和十三人枢密会掌管。

11月12日：教宗使节瓜拉·比基耶里与威廉·马歇尔以亨利三世的名义重新颁布《大宪章》；但战争仍在继续。

## 1217年

5月20日：林肯战役结束，反叛男爵失败，威廉·马歇尔和保王党取得胜利。

8月24日：桑威治海战结束，法兰西人战败，休伯特·德·伯格与年轻的亨利率领的军队取得胜利。

9月20日：按照《兰贝斯条约》的条款，法兰西的路易王子同意离开英格兰。

11月6日：《大宪章》第二次重颁，并附加了《森林宪章》。

## 1225年

《大宪章》与《森林宪章》重颁，条款最终确定，交换条件是王室可以对“动产”征税。

## 1237年

《大宪章》在威斯敏斯特的一次会议上得到亨利三世的重新确认，这次会议被称作“巴力门”（parliament），即议会；任何违反《大宪章》者都将受到绝罚。

## 1253年

《大宪章》重颁，交换条件同样是征税，也同样得到了绝罚威胁的支持。

## 1265年

反叛的莱斯特伯爵西蒙·德·孟福尔重新颁布《大宪章》与《森林宪章》，这两份宪章均经过了亨利三世的重新确认。

## 1297年

爱德华一世确认了《大宪章》与《森林宪章》，同时还确认了附加的改革条款，在此之前，王室与主要诸男爵爆发了政治纷争。

1300年

爱德华一世重新确认了《大宪章》与《森林宪章》，这是英格兰王室最后一次确认这两份特许状。

1508年

《大宪章》首次以印刷的形式出现，由理查德·平森印行。

1619年

律师兼议会议员爱德华·科克爵士谴责斯图亚特王朝君主詹姆斯一世滥用王室权力，向平民院议员表明他们违反了《大宪章》。

1628年

爱德华·科克爵士的《权利请愿书》试图效法《大宪章》，让詹姆斯的继任者查理一世服从某些特定治理原则。

1687年

《大宪章》在美国各殖民地出版。

1689年

议会通过《权利法案》，这是关于英格兰法律与习惯的一份声明。

1775年

马萨诸塞州的印章图案采用了一位一手持剑、一手拿《大宪章》的美国爱国者的形象。

1791年

美国《权利法案》获得通过，该文件意在限制这个刚刚取得独立的国家对其公民所拥有的权力。

1863年

《法规法编正法令》将《大宪章》的很多条款从英国法令全书中删除。

1948年

新成立的联合国组织制定了《世界人权宣言》，前美国第一夫人埃莉诺·罗斯福将这份宣言称为“面向世界各地所有人的国际《大宪章》”。

1957年

美国律师协会在兰尼米德竖立了一座

永久性《大宪章》纪念碑。

**1970年**

新一届英国立法机构将《大宪章》绝大部分条款从法令全书中删除，仅4条得以保留。

**2007年**

一份1297年的《大宪章》抄本在纽约市的一次拍卖会上售出，落槌价2130万美元。

**2015年**

《大宪章》诞生800周年。

# 致谢

我动笔写的第一篇关于英格兰中世纪历史的文章就是以约翰王和《大宪章》为主题的，整整15年之后再次书写这个题目，我感到很愉快，而且干劲满满。1999年我在剑桥大学的导师是海伦·卡斯特博士（Dr. Helen Castor），海伦不辞辛劳地审阅了本书的手稿，对她来说这也是旧题重温。跟读书时一样，她对我的工作提出了相当多颇富洞察力的见解。有这样一位同事兼朋友，我感到无比幸运。

在我写这本书时，国家档案馆、大英图书馆、伦敦图书馆、林肯大教堂和索尔兹伯里大教堂的工作人员都给予了很大的帮助。坎特伯雷基督教堂大学的路易丝·威尔金森（Louise Wilkinson）教授和人文新学院的苏珊娜·利普斯科姆（Suzannah Lipscomb）博士在本书写作期间慷慨提供了意见。大英图书馆的朱利安·哈里森（Julian Harrison）很友好地给我指引，让我在思考《大宪章》的国际遗产时有了正确的方向。国家档案馆的尼克·巴拉特（Nick Barratt）博士在早期金雀花王朝的一些历史问题上给我提供了建议。与伦敦国王学院的戴维·卡彭特（David Carpenter）教授和剑桥大学伊曼纽尔学院的朱莉·巴罗（Julie Barrau）博士的谈话改变了我对这个故事某些方面的思考。玛塔·穆索（Marta Musso）为研究中的一些内容提供了帮助。自不待言，上述所列人士均不对本书的任何事实或判断错误负责。

诚挚感谢宙斯之首出版社的每一个人，特别是安东尼·奇塔（Anthony Cheetham），是他首先提议写这本书。理查德·米尔班克（Richard Milbank）和马克·霍金斯－达迪（Mark Hawkins-Dady）凭借无与伦比的勤奋和能力将本书从手稿变成了铅字。

与往常一样，要特别感谢沃尔特·多诺霍（Walter Donohue），感谢我无与伦比的经纪人乔治娜·卡佩尔（Georgina Capel），以及我的太太乔，还有我的两个女儿，维奥莱特和艾薇。你们所有人都以各自的方式为我提供继续前进的动力。

丹·琼斯

2014年10月

# 注释

## 引言：名垂千古的《大宪章》

1 Ralph of Coggeshall, Radulphi de Coggeshall Chronicon Anglicanum, edited by J. Stevenson, Rolls Series No. 66 (1875), p. 170.

2 ‘De principis instructione’, in G. Warner (ed.), Giraldus Cambrensis Opera, (1891), p. 328.

## 第一章　重建秩序，1154—1189 年

1 Walter Map, *De Nugis Curialum*, edited and translated by M.R. James, revised by C.N.L. Brooke and R.A.B. Mynors (1983), p. 477.

2 Ibid.

3 William of Newburgh, *The History of English Affairs,* edited and translated by P.G. Walsh and M.J. Kennedy, Book II (2007), p. 15.

4 *Anglo-Saxon Chronicle*, edited by J.A. Giles (1914), p. 200.

5 Thomas J. Keefe, ‘King Henry II and the Earls: The Pipe Rolls Evidence’, in *Albion*, Vol. 13, No. 3 (1981), Table 1, pp. 215–17.

6 Barratt, Nick, ‘Finance and the Economy in the Reign of Henry II’, in C. Harper-Bill and N. Vincent (eds), *Henry II: New Perspectives* (2007), p. 249.

7 R. Allen Brown, *English Castles*, new edition (2004), pp. 162–3.

8 William of Newburgh, op. cit., Book I (1988).

9 H.M. Thomas, ‘Shame, Masculinity and the Death of Thomas Becket’, in *Speculum*, Vol. 87, No. 4 (2012), p. 1065.

## 第二章　战争与赋税，1189—1199 年

1 Roger of Howden, *The Annals of Roger*

de *Hoveden*, translated by Henry T. Riley (1853), Vol. II, p. 114.

2 Ibid., p. 120.

3 Barratt, Nick, 'The English Revenue of Richard I', in *English Historical Review*, Vol. 116, No. 467, p. 637 The 1188 Pipe Roll shows total income of £21,233, compared with £31,089 two years later, a rise of 47.6 per cent.

4 Roger of Howden, op. cit., pp. 290–1.

5 Ibid., pp. 290–2.

6 从威廉・马歇尔的生平可以管窥这一时期的各种细节：见 A. J. Holden (ed.), D. Crouch and S. Gregory (trans.),《威廉・马歇尔的历史》(*History of William Marshal*) 卷三，2002—2007年，第18页。

7 Barratt, 'The English Revenue', op. cit., p. 637.

## 第三章　帝国末路，1199—1204年

1 See John Gillingham, 'The Anonymous of Béthune, King John and Magna Carta', *passim,* in J.S. Loengard(ed.), *Magna Carta and the England of King John* (2010).

2 T. Wright, *The Political Songs of England* (1839), p. 6.

3 R. Howlett (ed.), *Chronicles of the Reigns of Stephen, Henry II and Richard I,* Rolls Series No. 82, Vol. I (1884), p.390.

4 Gerald of Wales, *The Historical Works of Giraldus Cambrensis,* edited and revised by T. Wright (1894), p. 315.

5 见 J. C. 霍尔特，《约翰王》(*King John*)，1963年，第20页。

6 Gervase of Canterbury, *The Historical Works of Gervase of Canterbury,* edited by W. Stubbs, Vol. II (1880), pp. 92–3.

## 第四章　王在在国，1204—1205年

1 T. K. 摩尔在 "The Loss of Normandy and the Invention of Terre Normannorum, 1204" 这篇论文中有详尽的分析，刊载于《英国历史评论》(*English Historical Review*) 第125卷，第516期，2010年，第1071—1109页。

2 见J. C.霍尔特，《约翰王》（*King John*），第13页。当约翰1200年到访约克的时候，他是至少14年之内首位来这儿的英格兰国王。次年他到访纽卡斯尔，是1158年以来首位前往该地的英格兰国王。

3 J. Masschaele, 'The English Economy in the Age of Magna Carta', in Loengard,op. cit., p. 156  On prices, see P. Latimer, 'Early Thirteenth Century Prices' in S. D. Church (ed.), King John: *New Interpretations, passim but especially* pp. 69–73,Figs 1–9.

4 Masschaele, ibid., pp. 156–65.

5 有关约翰岁入的详细分析，参见尼克·巴雷特，表一：《约翰王的岁入》（*The Revenue of King John*），刊载于《英国历史评论》（*English Historical Review*）第111卷，第443期，1996年，第839页。

## 第五章　禁令与恐吓，1206—1212年

1 Walter of Coventry, *Memoriale Fratris Walteri de Coventria*, edited by W. Stubbs (1872), Vol. II, p. 203.

2 Barratt, 'The Revenue of King John', op. cit., p. 839.

3 See S. Ambler, 'Feature of the Month: July 2014 – The Witness Lists to Magna Carta, 1215–1265', on the Magna Carta Project website:http://magnacarta.cmp.uea.ac.uk/read/feature_of_the_month/Jul_2014.

4 约翰国王的这份声明在克劳奇的文章《约翰王对威廉·德·布雷乌泽的控诉》（*The Complaint of King John Against William de Briouze*）中全文刊出并附有翻译，J. S.洛恩加德编，《大宪章与约翰王的英格兰》（*Magna Carta and the England of King John*），2010年，第169—179页。

5 这份后世记录中的《法莱斯条约》在E. L. G.斯通斯编译的《盎格鲁－苏格兰关系，1174—1328：部分文献选编》（*Anglo-Scottish Relations 1174–1328: Some Selected Documents*，1965年）这本书中全文刊出，第1—5页。理查1189年发布的放弃权利声明也可以在这里找到，第6—8页。

6 The Treaty of Norham, ibid., pp. 12–13

7 J.C. Holt, The Northerners: *A Study in the Reign of King John* (1961), p. 79.

## 第六章　危机与阴谋，1212—1214年

1 Holt, *Magna Carta*, op. cit., pp. 190–1.

## 第七章　那片叫作兰尼米德的草地，1215年

1 原版“不见经传的宪章”现存于法国国家档案馆，《国王档案》（Archives du Royaume J.655）。这份宪章的全文及有关日期的讨论可参见霍尔特，《大宪章》（*Magna Carta*）附录4，第418—428页。“不见经传的宪章”的英语译文可参见H. 罗思韦尔编，《英国历史文献》（*English Historical Documents*）卷三，1975年，第310—311页。

2 有关兰顿在1215年5—6月的谈判中所起到的作用，近期有一篇分析文章：D. 卡朋特，《兰顿大主教与大宪章：他的贡献，他的疑虑与他的伪善》（Archbishop Langton and Magna Carta: His Contribution, His Doubts and His Hypocrisy），载于《英国历史评论》，126，第522期，2011年，第1041—1065页。

3 有关史料编纂方面的争论的总结，以及一份相当有说服力的时间表，参见D. 卡朋特，《亨利三世的统治》（*The Reign of Henry III*，1996年）中一文《大宪章的签订与制定》（The Dating and Making of Magna Carta），第1—16页。本书中的叙述大量参考了上述材料所给出的事件发生顺序。

4 宪章文本及相关讨论参见：霍尔特，《大宪章》附录5。英语译文参见：《英国历史文献》卷三，第311—316页。

## 第八章　自由宪章，1215年

1 Holt, *Magna Carta,* op. cit., p. 255.

2《大宪章》文本较近期的版本请参见：《英国历史文献》卷三，第316—324页（已经翻译为英语），以及霍尔特，《大宪章》，第441—473页（此版本采用了对页翻译的排版，并附有简短的介绍性文字，讨论了四份存世版本之间的异同）。

3 见卡朋特，《兰顿大主教》，同上。

4 “出于对神之崇敬，以及对汝等万民之爱，开宗明义吾赋予神之教会以自主权”（*Ego respectu dei et amore quem erga uos [omnes] habeo, sanctam dei ecclesiam in primis liberam facio*），见 www.earlyenglishlaws.ac.uk/laws/texts/hn-cor/view.

5 有关索尔兹伯里的约翰在这方面的观点，参见：N. M. 弗莱德，《大宪章的根基：反对金雀花王朝》（The Roots of Magna Carta: Opposition to the Plantagenets），节选自 J. 坎宁，O. G. 乌克斯斯编，《中世纪政治思想与权力现实》（*Political Thought and the Realities of Power in the Middle Ages*），1998年，第59—60页，备注37。

## 第九章　战争与入侵，1215—1216 年

1 教宗英诺森三世的信件的译文刊印于《英国历史文献》卷三，第324—326页。

2 *History of William Marshal,* op. cit.

3 Walter of Coventry, op. cit., p. 228.

## 第十章　千秋万岁名，1215—2015 年

1 *History of William Marshal,* op. cit.

2 Roger of Wendover, op. cit., p. 205.

3 1225年版的《大宪章》和《森林宪章》在霍尔特，《大宪章》，附录12和13，第501—517页中刊出，在《英国历史文献》卷三，第341—349页中有英语译文。

4 D. Carpenter, ‘Feature of the Month: April 2014’, on the Magna Carta Project website: http://magnacartaresearch.org/ read/feature_of_the_month/Apr_2014.

5 马修·帕里司对此事的叙述可参见：H. R. 卢亚德编，*Matthaei Parisiensis, Monachi Sancti Albani Chronica Majora*，第四卷，1877年，第185—187页。

6 S. Ambler, ‘Feature of the Month: March 2014 – Henry III’s Confirmation of Magna Carta in March 1265’, on the Magna Carta Project website: http://magna carta magnacarta.cmp.uea.ac.uk/read/

feature_of_the_month/Mar_2014.

7 R. Horrox (ed.), *Parliament Rolls of Medieval England*, Vol. XVI (2012), January 1497: Item 9.

8 Held in the British Library: BL C.112 a.2.

9 Coke, quoted in F. Thompson, *Magna Carta: Its Role in the Making of the English Constitution 1300–1629*(1948), p. 302.

10 A. Cromartie, ‘The Constitutionalist Revolution: The Transformation of Political Culture in Early Stuart England’, in *Past & Present*, No. 163 (May 1999), p. 101.

11 R.V. Turner, ‘The Meaning of Magna Carta Since 1215’, in *History Today*, Vol. 53, No. 9 (2003); online at: www.historytoday.com/ralph-v-turner/meaning-magna-carta-1215.

12 曼德拉的演讲全文可以参见ANC网站：www.anc.org.za/show.php?id=3430.

13 D. Cameron, ‘British values aren’t optional, they’re vital. That’s why I will promote them in EVERY school’, in the *Daily Mail* (15 June 2014).

14 比如与网络先锋蒂姆·伯纳斯-李的访谈：J. 基斯，《网络大宪章：伯纳斯-李呼吁网络权利法案》（An Online Magna Carta: Berners-Lee Calls for Bill of Rights for Web），刊载于2014年3月12日的《卫报》。

15 A. Rickell, ‘A New Magna Carta’, *disabilitynow* (2009):www.disabilitynow.org.uk/article/new-magna-carta; T. Kahle, ‘Miners for Democracy and the Planet’, in Socialist Worker (24 June 2014):http://socialistworker.org/2014/06/24/miners-fighting-for-the-planet; J. Casillas, ‘Magna Carta for Medical Banking’:www.himss.org/files/HIMSSorg/content/files/medicalBankingProject/MBP_Magna_Carta_Aligning_Banks_Healthcare.pdf; J. Galolo, ‘BPOs, workers back proposal to exempt OT, graveyard pay from taxes’, *Sun Star Cebu* (7 July 2014):www.sunstar.com.ph/cebu/business/2014/07/07/bpos-

workers-back proposal-exempt-ot-graveyard-pay-taxes-352400.

## 附录 3　《大宪章》执行者小传

1 Luard, op. cit., Vol. II, p. 605.

2 兰贝斯宫图书馆MS 371 fo. 56v，在霍尔特,《大宪章》，附录 8，第479—480页中刊出。

# 图片来源

Refer to images in the plate sections Fig.

1. British Library Royal 14 C. VII, f. 9 Fig.

2. British Library MS Royal 14.C VII, f. 5v Fig.

3. Neil Holmes/ Bridgeman Images Fig.

4. Bibliothèque Municipale Castres / Gianni Dagli Orti / Art Archive Fig.

5. British Library Additional MS 4838 / Art Archive Fig.

6. British Library Cotton MS Augustus ii. 106 / Wikipedia Fig.

7. Granger Collection / Topfoto Fig.

8. Jarrold Publishing / Art Archive Fig.

9. British Library / Art Archive Fig.

10. Topfoto Fig.

11. British Library Cotton Vitellius A.XIII, f.6 Fig.

12. NotFromUtrecht / Wikim edia Commons Fig.

13. Corporation of London / HIP/ Tofoto Fig.

14. Library of Congress Fig.

15. Alex Wong / Getty Images Fig.

16. Library of Congress

# 译名对照表

## 人名

“失地王”约翰 John ‘Lackland’

A

阿尔蒂尔 Arthur

阿基坦的埃莉诺 Eleanor of Aquitaine

阿伦德尔伯爵 Earl of Arundel

阿米西娅 Amicia

埃莉诺·罗斯福 Eleanor Roosevelt

艾伦·巴塞特 Alan Basset

艾伦·马塞尔 Alan Marcel

艾赛克斯伯爵 Earl of Essex

艾伊莫瑞克教兄 Brother Aymeric

爱德华·科克爵士 Sir Edward Coke

爱德华一世 Edward I

安诸·德·尚索 Andrew de Chanceaux

昂古莱姆的伊莎贝拉 Isabella of Angoulême

昂基拉·德西戈涅 Engelard de Cigogné

奥地利公爵，利奥波德 Duke Leopold of Austria

奥兰治的威廉 William of Orange

奥托四世 Otto IV

B

贝尔特朗·德·鲍恩 Bertrand de Born

彼得·德·罗什 Peter des Roches

彼得·德·尚索 Peter de Chanceaux

彼得·菲茨赫伯特 Peter FitzHerbert

波伊斯亲王 Prince of Powys

不伦瑞克的奥托 Otto of Brunswick

布拉班特公爵 Duke of Brabant

布列塔尼的阿尔蒂尔 Arthur of Brittany

布列塔尼公爵 Duke of Brittany

布卢瓦的阿德拉 Adela of Blois

布洛涅伯爵 Count of Boulogne

C

忏悔者爱德华 Edward the Confessor

D

D. 卡朋特 D. Carpenter

蒂姆·伯纳斯—李 Tim Berners-Lee

大卫·鲁宾斯坦 David Rubenstein

戴维·卡梅伦 David Cameron

都柏林大主教 Archbishop of Dublin

E

E. L. G. 斯通斯 E. L. G Stones

F

法尔克斯・德・布雷奥泰 Falkes de Breauté

菲利普・道比尼 Philip d' Aubigny

菲利普・马克 Philip Mark

腓力二世・奥古斯都 Philip II 'Augustus'

弗里德里希・巴巴罗萨 Frederick Barbarossa

佛兰德伯爵，鲍德温 Baldwin, Count of Flanders

佛兰德伯爵斐迪南 Count Ferrand of Flanders

G

吉尔伯特・杰克逊 Gilbert Jackson

盖伊・德・尚索 Guy de Chanceaux

盖伊・德・西戈涅 Guy de Cigogné

格洛斯特伯爵 Earl of Gloucester

格洛斯特的伊莎贝尔 Isabel of Gloucester

瓜拉・比基耶里 Guala Bicchieri

圭农农・阿颇・欧文 Gwenwynwyn ap Owain

H

H. 罗思韦尔 H. Rothwell

哈维萨 Hawisa

海因里希五世 Heinrich V

豪登的罗杰 Roger of Howden

赫里福德伯爵 Earl of Hereford

赫特福德伯爵 Earl of Hertford

亨利・德・博汉 Henry de Bohun

亨利・金雀花 Henry Plantagenet

亨利二世 Henry II

亨利六世 Henry VI

亨利三世 Henry III

亨利一世 Henry I

霍尔德内斯勋爵 Lordship of Holderness

J

J. 坎宁 J. Canning

吉尔伯特・德・克莱尔 Gilbert de Clare

加洛韦的艾伦 Alan of Galloway

杰弗里・德・曼德维尔 Geoffrey de Mandeville

杰弗里·德·萨伊 Geoffrey de Say
杰弗瑞·德·马蒂尼 Geoffrey de Martini
杰拉德·德阿泰 Gerard d' Athée

K

卡佩家族 the House of Capet
坎特伯雷大主教 Archbishop of Canterbury
坎特伯雷的杰维斯 Gervase of Canterbury
康沃尔伯爵，雷金纳德 Reginald, Earl of Cornwall
考文垂的沃尔特 Walter of Coventry
考文垂主教 Bishop of Coventry
科吉舍尔的拉尔夫 Ralph of Coggeshall
克莱尔伯爵 Earl of Clare

L

拉尔夫·尼日尔 Ralph Niger
莱斯特伯爵，罗伯特 Robert, Earl of Leicester
劳德大主教 Archbishop of Laud
雷文斯沃斯的菲茨休 FitzHughs of Ravensworth
理查德·德·克莱尔 Richard de Clare
理查德·德·蒙菲谢 Richard de Montfichet
理查德·德·珀西 Richard de Percy
理查德·德·珀西 Richard de Percy
理查德·菲茨奈杰尔 Richard FitzNigel
理查德·平森 Richard Pynson
理查二世 Richard II
理查一世 Richard I
林肯主教 Bishop of Lincoln
卢埃林·阿颇·约沃斯 Llywelyn ap Iorwerth
卢埃林·埃普·艾奥沃斯 Llywelyn ap Iorwerth
卢埃林大帝 Llywelyn the Great
鲁昂主教库唐斯的沃尔特 Walter of Coutances
路易八世 Louis VIII
伦敦的亨利 Henry of London
伦敦主教 Bishop of London
罗贝尔·柯索斯 Robert Curthose
罗伯特·德·罗克利 Robert de Rokkeley
罗伯特·德·罗斯 Robert de Ros
罗伯特·德·若普尔 Robert de Roppel
罗伯特·德·若普雷 Robert de Roppeley

罗伯特·德·维尔 Robert de Vere
罗伯特·菲茨沃尔特 Robert FitzWalter
罗杰·比戈德 Roger Bigod
罗杰·德·蒙特贝冈 Roger de Montbegon
罗杰·德·莫布雷 Roger de Mowbray
吕西尼昂的于格 Hugh de Lusignan

M

马修·菲茨赫伯特 Matthew FitzHerbert
马修·帕里司 Matthew Paris
玛蒂尔达 Matilda
莫尔坦伯爵 Count of Mortain

N

N. M. 弗莱德 N. M. Fryde
尼克·巴雷特 Nick Barratt
纳尔逊·曼德拉 Nelson Mandela
纳瓦拉的贝伦加丽亚 Berengaria of Navarre
牛津伯爵 Earl of Oxford
纽堡的威廉 William of Newburgh
诺福克伯爵 Earl of Norfolk
诺里奇主教 Bishop of Norwich

O

O. G. 乌克斯 O. G. Oexle
欧马勒伯爵 Count of Aumale

P

潘道尔夫·韦拉西奥 Pandulf Verraccio
潘道尔夫先生 Master Pandul
潘道尔夫先生 Master Pandulf
彭布罗克伯爵 Earl of Pembroke
彭布儒克伯爵 Earl of Pembroke

R

软剑约翰 John Softsword
若弗鲁瓦 Geoffrey

S

撒克逊国王 Saxon king
萨尔·德·昆西 Saer de Quincy
萨拉丁 Saladin
萨里伯爵 Earl of Surrey
“狮心王”理查 Richard ‘the Lionheart’
斯蒂芬·兰顿 Stephen Langton
斯蒂芬国王 Stephen
斯特拉福德伯爵 Earl of Strafford
索尔兹伯里伯爵 Earl of Salisbury
索尔兹伯里的约翰 John of Salisbury

索斯顿的本讷迪克特 Benedict of Sawston

T

特罗布里奇城堡 Trowbridge Castle

托马斯·贝克特 Thomas Becket

托马斯·巴塞特 Thomas Basset

W

W. C. 塞勒 W. C. Sellar

瓦伦伯爵 Earl Warenne

威尔士的杰拉德 Gerald of Wales

威尔斯的乔斯林 Jocelin of Wells

威廉·道比尼 William d' Aubigny

威廉·德·布雷乌泽 William de Briouze

威廉·德·富尔茨 William de Forz

威廉·德·亨廷菲尔德 William de Huntingfield

威廉·德·兰瓦雷 William de Lanvallei

威廉·德·莫布雷 William de Mowbray

威廉·德·圣梅尔埃格利斯 William de Sainte-Mère-Église

威廉·德·瓦伦 William de Warenne

威廉·菲茨艾伦 William FitzAlan

威廉·朗格斯佩 William Longspée

威廉·朗香 William Longchamp

威廉·马利特 William Malet

威廉·马歇尔 William Marshal

威廉一世 William I

韦克菲尔德的彼得 Peter of Wakefield

维泰博 Viterbo

温切斯特主教 Bishop of Winchester

温切斯特伯爵 Earl of Winchester

温斯顿·丘吉尔 Winston Churchill

文多弗的罗杰 Roger of Wendover

沃尔特·德·格雷 Walter de Gray

沃尔特·马普 Walter Map

沃林·菲茨杰拉德 Warin FitzGerald

伍斯特主教 Bishop of Worcester

X

西蒙·德·孟福尔 Simon de Montfort

休·比戈德 Hugh Bigod

休·德·奈维尔 Hugh de Neville

休伯特·德·伯格 Hubert de Burgh

休伯特·沃尔特 Hubert Walter

Y

亚历山大二世 Alexander II

耶特曼 R. J. Yeatman

英诺森三世 Innocent III
尤斯塔斯·德·韦希 Eustace de Vesci
幼王亨利 Henry ‘the Young King’
约翰·德·格雷 John de Gray
约翰·德·莱西 John de Lacy
约翰·迪金森 John Dickinson
约翰·菲茨休 John FitzHugh
约翰·马歇尔 John Marshal

Z
詹姆斯·麦迪逊 James Madison
詹姆斯二世 James II
詹姆斯一世 James I

## 地名、建筑名

A
阿基坦 Aquitaine

B
巴恩斯特布 Barnstable
巴纳德城堡 Barnard Castle
贝里克 Berwick
比利牛斯山脉 Pyrenees
布拉克利 Brackley
布列塔尼 Brittany
布汶 Bouvines

C
茨温 The Zwin

D
达米埃塔 Damietta
东安格利亚地区 East Anglia
多佛城堡 Dover Castle
多塞特的塞恩修道院 Cerne Abbey in Dorset

F
法纳姆 Farnham

G
格洛斯特修道院 Gloucester Abbey

J
加洛韦 Galloway
加亚尔城堡 Château Gaillard

K
卡斯蒂利亚 Castila
坎伯兰 Cumberland
坎特伯雷大教堂 Canterbury Cathedral
科夫堡 Corfe Castle
科夫城堡 Corfe Castle

L

莱斯特郡的贝尔沃 Belvoir in Leicestershire

兰贝斯宫图书馆 Lambeth Palace Library

雷丁 Reading

鲁昂主教座堂 Rouen Cathedral

伦迪岛 Isle of Lundy

罗切斯特城堡 Rochester Castle

M

梅德韦河 the Medway

美国国会图书馆 the US Library of Congress

N

诺克斯堡 Fort Knox

诺曼底 Normandy

诺森伯兰 Northumberl

O

欧马勒 Aumale

P

皮克灵城堡 Pickering Castle

S

桑威治海战 Battle of Sandwich

沙吕—沙布罗尔 Châlus-Chabrol

沙吕—沙布罗尔城堡 castle of Châlus-Chabrol

沙吕—沙布罗尔城堡 the castle at Châlus-Chabrol

圣保罗大教堂 St Paul' s Cathedral

圣地 the Holy Land

圣三一大教堂 Cathedral Church of Holy Trinity

斯温斯黑德修道院 Swineshead Abbey

T

泰晤士河 the Thames

汤布里奇城堡 Tonbridge Castle

特里费尔斯城堡 Trifels Castle

W

威斯敏斯特教堂 Westminster Abbey

威斯特摩兰 Westmorland

韦弗利修道院 Waverley Abbey

沃德勒伊 Vaudreuil

沃里克城堡 Warwick Castle

伍斯特大教堂 Worcester Cathedral

X

西西里 Sicily

Y

英吉利海峡 English Channel

## 专有名词

“北人” Northerners

“贝蒂讷之无名氏” The Anonymous of Béthune

“大叛乱” the ‘Great War’

“二十五人枢密会” council of twenty-five

“海外” Outremer

“和平委托人” the trustees of the peace

“卡勒凯特” carucage

“普通巡回法庭” the General Eyre

“萨拉丁什一税” Saladin Tithe

“神之军大元帅” Marshal of the Army of God

“小宪章” small charter

“主君” liege lord

阿卡围城战 Siege of Acre

大陆会议 Continental Congress

第三次十字军东征 the Third Crusade

佛兰芒联盟军 Flemish allies

黑斯廷斯之战 Battle of Hastings

科尔切斯特城堡 Colchester Castle

林肯战役 Battle of Lincoln

兰尼米德草场 Windlesoram et Stanes

瑞弗尼亚审判 Rivonia Trial

桑威治战役 Battle of Sandwich

圣殿骑士团 the Templars in order

雅法围城战 siege of Jaffa

[illegible] Regina. [illegible]. 7 cetera ad eam [illegible] pertinentia [illegible] tempore eius. [illegible] [illegible] propinquos de consanguinitate sua.

Ne vidua det aliquid pro dote sua vel maritagio post decessum mariti sui. set maneat in domo sua per xl. dies post mortem ipsius. 7 infra terminum illum assignetur ei dos. [illegible] hereditatem suam.

Rex vel Ballivus non saisiet terram aliquam pro debito dum catalla debitoris sufficiant. nec plegii debitoris distringantur dum capitalis debitor sufficiat ad solutionem. si vero capitalis defecerit in solutione. si plegii voluerint habeant terras [illegible] donec debitum illud persolvatur plene. nisi capitalis debitor monstrare poterit se esse inde quietum erga plegios.

Rex non concedet alicui Baroni quod capiat auxilium de liberis hominibus suis nisi ad corpus suum redimendum. 7 ad faciendum primogenitum filium suum militem. 7 ad primogenitam filiam suam semel maritanda. 7 hoc faciet per rationabile auxilium.

Ne aliquis maius servitium faciat de feodo militis quam inde debetur.

Ut communia placita non sequantur curiam domini Regis. set assignentur in aliquo certo loco. 7 ut recognitiones capiantur in eisdem Comitatibus in hunc modum ut Rex mittat duos Justitiarios per iiii or vices in anno qui cum iiii or militibus eiusdem Comitatus electis per Comitatum capiant assisas de nova dissaisina. morte antecessoris 7 ultima presentatione. nec aliquis ob hoc sit summonitus nisi iuratores 7 due partes.

Ut liber homo amercietur pro parvo delicto. secundum modum delicti. 7 pro magno delicto. secundum magnitudinem delicti salvo continemento suo. villanus etiam eodem modo amercietur salvo waynagio suo. 7 mercator eodem modo salva marcandisa per sacramentum proborum hominum de visneto.

Ut clericus amercietur de laico feodo suo secundum modum aliorum predictorum. 7 non secundum beneficium ecclesiasticum.

Ne aliqua villa amercietur pro pontibus faciendis ad riparias nisi ubi de iure antiquitus esse solebant.

Ut mensura vini bladi 7 latitudines pannorum 7 rerum aliarum emendentur. 7 ita de ponderibus.

Ut assise de nova dissaisina 7 de morte antecessoris abbrevientur. 7 similiter de aliis assisis.

Ut nullus vicecomes intromittat se de placitis ad coronam pertinentibus sine coronatoribus. 7 ut Comitatus 7 Hundredi sint ad antiquas firmas absque nullo incremento exceptis dominicis [illegible]

Si aliquis tenens de Rege moriatur. licebit vicecomiti vel alii Ballivo Regis. saisire 7 imbreviare catallum ipsius per visum legalium hominum. ita tamen quod nichil inde amoveatur donec plenius sciatur si debeat aliquod liquidum debitum domino Regi. 7 tunc debitum Regis persolvatur. residuum vero relinquatur executoribus ad faciendum testamentum defuncti. 7 si nichil Regi debetur catalla cedant defuncto.

Si aliquis liber homo intestatus decesserit. bona sua per manum proximorum parentum suorum 7 amicorum 7 per visum ecclesie distribuantur.

Ne vidue distringantur ad se maritandum dum voluerint sine marito vivere. ita tamen quod securitatem facient quod non maritabunt se sine assensu Regis si de Rege tenent. vel dominorum de [illegible]

Ne Constabularius vel alius Ballivus capiat blada vel alia catalla nisi statim denarios inde reddat. nisi respectum habere possit de voluntate venditoris.

Ne Constabularius possit distringere aliquem militem ad dandum denarios pro custodia castri si voluerit facere custodiam illam in propria persona vel per alium probum hominem si ipse eam facere non possit propter rationabilem causam. 7 si Rex eum duxerit in exercitum sit quietus de custodia secundum quantitatem temporis.

Ne vicecomes vel Ballivus Regis vel aliquis alius capiat equos vel carettas alicuius liberi hominis pro cariagio faciendo nisi ex voluntate ipsius.

Ne Rex vel Ballivus suus capiat alienum boscum ad castra vel ad alia agenda sua nisi per voluntatem ipsius cuius boscus ille fuerit.

Ne Rex teneat terram eorum qui fuerint convicti de felonia nisi per unum annum 7 unum diem. set tunc reddatur domino feodi.

Ut omnes kidelli de cetero penitus deponantur de Tamisia. 7 Medewaye. 7 per totam Angliam.

Ne breve quod vocatur Precipe de cetero fiat alicui de aliquo tenemento unde liber homo amittat curiam suam.

Si quis fuerit disseisitus vel prolongatus per Regem sine iudicio de terris libertatibus 7 iure suo. statim ei restituatur. 7 si contentio super hoc orta fuerit. tunc inde disponatur per iudicium xxv. Baronum. 7 ut illi qui fuerint dissaisiti per patrem vel fratrem Regis rectum habeant sine dilatione per iudicium parium suorum in curia Regis. 7 si Rex debeat habere terminum aliorum cruce signatorum: tunc Archiepiscopus 7 episcopi faciant inde iudicium ad certum diem appellatione remota.

[illegible] pro [illegible] de [illegible] [illegible] [illegible] [illegible] [illegible] [illegible] [illegible]

Si aliquis tenet de Rege per feodi firmam. per Sokagium vel per Burgagium. 7 de alio per servitium militis. dominus Rex non habebit custodiam militum de feodo alterius. occasione burgagii vel sokagii. nec debet habere custodiam burgagii sokagii vel feodi firme. 7 quod liber homo non amittat militiam suam occasione parvarum serjanteriarum sicuti de illis qui tenent aliquod tenementum reddendo cuttellos vel sagittas vel huiusmodi.

Ne aliquis Ballivus possit ponere aliquem ad legem simplici loquela sua sine testibus fidelibus.

Ne corpus liberi hominis capiatur nec imprisonetur nec dissaisietur nec utlagetur nec exuletur nec aliquo modo [illegible] nisi Rex eat vel mittat super eum vi nisi per iudicium parium suorum vel per [illegible]

Ne ius vendatur vel differatur vel vetitum sit.

Quod mercatores habeant salvum ire 7 venire ad emendum vel vendendum sine omnibus malis toltis [illegible] per antiquas consuetudines.

Ne scutagium vel auxilium ponatur in Regno nisi per commune consilium Regni nisi ad corpus Regis redimendum. 7 primogenitum filium suum militem faciendum 7 filiam suam primogenitam semel maritandam. 7 ad hoc fiat rationabile auxilium. simili modo fiat de taillagiis 7 auxiliis de Civitate London. 7 de aliis Civitatibus que inde habent libertates. 7 ut Civitas London. plene habeat antiquas libertates suas [illegible]

Ut liceat unicuique exire de Regno 7 redire salva fide domini Regis. nisi tempore werre per aliquod breve tempus propter communem utilitatem Regni.

Si quis mutuo aliquid acceperit a Judeis plus vel minus 7 moriatur antequam debitum illud solvatur. debitum non usurabit quamdiu heres fuerit infra etatem de quocumque teneat 7 si inciderit in manum Regis. Rex non capiet nisi catallum quod continetur in carta.

Si quis moriatur 7 debitum debeat Judeis. uxor eius habeat dotem suam. 7 si liberi remanserint. provideantur eis necessaria secundum tenementum. 7 de residuo solvatur debitum salvo servitio dominorum. simili modo fiat de aliis debitis. 7 custos terre reddat heredi cum ad plenam etatem pervenerit terram suam instauratam secundum quod rationabiliter poterit sustinere de exitibus terre carrucis 7 wainagiis.

Si quis tenuerit de aliqua eschaeta sicut de honore Walingeford. Notingeham. Bonon. 7 Lancastr. 7 de aliis eschaetis que sunt in manu Regis. 7 sunt Baronie 7 obierit. heres eius non det aliud relevium vel faciat Regi aliud servitium quam faceret Baroni. 7 ut Rex eodem modo eam teneat. quo Baro eam tenuit.

Ut fines qui facti sunt pro dotibus maritagiis hereditatibus. 7 amerciamentis iniuste 7 contra legem terre: omnino condonentur vel fiat inde per iudicium xxv. Baronum vel per iudicium maioris partis eorundem una cum Archiepiscopo. 7 aliis quos secum vocare voluerit. ita quod si aliquis vel aliqui de xxv. fuerint in simili querela: amoveantur 7 alii loco illorum per residuos de xxv.

[illegible] obsides 7 cartas reddantur que liberate fuerunt Regi in securitatem.

Ut illi qui fuerint extra forestam non veniant coram Justitiariis de foresta per communes summonitiones nisi sint in placito vel plegii fuerint. 7 ut prave consuetudines de forestis 7 de forestariis 7 warennariis [illegible] emendentur per xii. milites de quolibet Comitatu qui debent eligi per probos homines eiusdem Comitatus.

Ut Rex amoveat penitus de Balliva parentes 7 totam sequelam Gerardi de Atyes quod de cetero Balliam non habeant. scilicet Engelardum. Andream. Petrum 7 Gyonem de Cancell. Gyonem [illegible] Mathe. de Martinny 7 fratres eius 7 Galfridum nepotem eius. 7 Philippum Mark.

7 ut Rex amoveat alienigenas. milites stipendiarios. Balistarios 7 ruttarios 7 servientes qui veniunt cum equis 7 armis ad nocumentum Regni.

Ut Rex faciat Justitiarios Constabularios vicecomites 7 Ballivos de talibus qui sciant legem terre 7 eam bene velint observare.

Ut Barones qui fundaverunt abbatias unde habent cartas Regum vel antiquam tenuram. habeant custodiam eorum cum vacaverint.

Si Rex Walenses dissaisiverit vel elongaverit de terris vel libertatibus vel de rebus aliis in Anglia vel in Wallia. eis statim sine placito reddantur. 7 si fuerint dissaisiti vel elongati de tenementis suis Anglie per patrem vel fratrem Regis sine iudicio parium suorum. Rex eis sine dilatione iustitiam exhibebit eo modo quo exhibet Anglicis iustitiam de tenementis suis Anglie secundum legem Anglie. 7 de tenementis Wallie secundum legem Wallie 7 de tenementis Marchie secundum legem Marchie. idem facient Walenses Regi 7 suis.

Ut Rex reddat filium Lewelini 7 preterea omnes obsides de Wallia 7 cartas que ei liberate fuerunt in securitatem pacis.

[illegible] faciat Regi Scottorum de obsidibus reddendis 7 de libertatibus suis 7 iure suo secundum formam quam facit Baronibus Anglie — [illegible] nisi aliter esse debeat per cartas quas Rex habet per iudicium Archiepiscopi [illegible] secum vocare voluerit.

Ut omnes foreste que sunt aforestate per Regem tempore suo deafforestentur. 7 ita fiat de ripariis que per ipsum Regem sunt in defenso.

Omnes autem istas consuetudines 7 libertates quas Rex concessit Regno tenendas quantum ad se pertinet erga suos. omnes [illegible]

# 里程碑文库

# The Landmark Library

“里程碑文库”是由英国知名独立出版社宙斯之首（Head of Zeus）于2014年发起的大型出版项目，邀请全球人文社科领域的顶尖学者创作，撷取人类文明长河中的一项项不朽成就，以“大家小书”的形式，深挖其背后的社会、人文、历史背景，并串联起影响、造就其里程碑地位的人物与事件。

2018年，中国新生代出版品牌“未读”（UnRead）成为该项目的“东方合伙人”。除独家全系引进外，“未读”还与亚洲知名出版机构、中国国内原创作者合作，策划出版了一系列东方文明主题的图书加入文库，并同时向海外推广，使“里程碑文库”更具全球视野，成为一个真正意义上的开放互动性出版项目。

在打造这套文库的过程中，我们刻意打破了时空的限制，把古今中外不同领域、不同方向、不同主题的图书放到了一起。在兼顾知识性与趣味性的同时，也为喜欢此类图书的读者提供了一份“按图索骥”的指南。

作为读者，你可以把每一本书看作一个人类文明之旅的坐标点，每一个目的地，都有一位博学多才的讲述者在等你一起畅谈。

如果你愿意，也可以将它们视为被打乱的拼图。随着每一辑新书的推出，你将获得越来越多的拼图块，最终根据自身的阅读喜好，拼合出一幅完全属于自己的知识版图。

我们也很希望获得来自你的兴趣主题的建议，说不定它们正在或将在我们的出版计划之中。

里程碑文库编委会